本书获教育部人文社会科学研究规划基金项目资助，系"企业参与产教融合的绩效评价研究（项目批准号：21YJA880021）"成果

U0749239

企业参与产教融合绩效评价研究
——以高等职业教育为例

嵇新浩　著

清華大学出版社
北京

内 容 简 介

本书以我国高等职业教育产教融合作为研究对象，综合运用问卷调查法、访谈法、数据分析法等多种研究方法相结合的混合研究方式，系统探讨了企业参与产教融合绩效评价的现状、成效、面临的主要问题以及提升策略等内容，选题较为新颖，视角较为独特，构建一套科学、系统、可操作的高等职业教育产教融合绩效评价指标体系，对高等职业教育产教融合研究作出了一定的理论贡献，也为高职教育研究学者、高职院校管理人员以及教育政策制定者提供了一定的实践参考价值。

图书在版编目（CIP）数据

企业参与产教融合绩效评价研究：以高等职业教育为例 / 嵇新浩著. -- 北京：清华大学出版社，2025.7.
ISBN 978-7-302-69093-1

Ⅰ. G718.5

中国国家版本馆 CIP 数据核字第 2025QW5846 号

责任编辑：左卫霞
封面设计：傅瑞学
责任校对：刘　静
责任印制：曹婉颖

出版发行：清华大学出版社
网　　址：https://www.tup.com.cn，https://www.wqxuetang.com
地　　址：北京清华大学学研大厦 A 座　　　　邮　编：100084
社 总 机：010-83470000　　　　　　　　　　邮　购：010-62786544
投稿与读者服务：010-62776969，c-service@tup.tsinghua.edu.cn
质量反馈：010-62772015，zhiliang@tup.tsinghua.edu.cn
印 装 者：天津鑫丰华印务有限公司
经　　销：全国新华书店
开　　本：170mm×240mm　　　印　　张：11.25　　　字　　数：200 千字
版　　次：2025 年 9 月第 1 版　　　　　　　　印　　次：2025 年 9 月第 1 次印刷
定　　价：58.00 元

产品编号：111658-01

前　言

在当代中国,高等职业教育正面临着前所未有的发展机遇与挑战。随着科技飞速发展、经济全球化以及社会对高素质技能人才需求的日益增长,高等职业教育作为连接教育与产业的重要桥梁,其质量和效益的提升显得尤为关键。产教融合,作为高等职业教育改革与发展的重要方向,其绩效评价研究不仅关乎教育质量的提升,更关乎国家产业结构的优化和经济的可持续发展。从此意义上来说,高等职业教育产教融合绩效评价研究意义重大。

高等职业教育产教融合绩效评价研究是对当前高等职业教育发展现实的深刻反思和具有前瞻性的探索。近年来,我国高等职业教育在规模上取得了长足的发展,但与此同时也暴露出一些问题,如教育资源分配不均、教育质量参差不齐、教育内容与市场需求脱节等。这些问题在一定程度上制约了高等职业教育的健康发展,也影响了其对产业发展和经济增长的支撑作用。产教融合作为高等职业教育改革的重要方向,旨在通过学校与企业的深度合作,实现教育资源的优化配置,提高教育质量,培养更多适应市场需求的高素质技能人才。然而,如何科学评价产教融合绩效,确保产教融合深入实施和可持续发展,是当前高等职业教育亟待解决的问题。本研究旨在通过理实结合的方法,构建科学系统且可操作的高等职业教育产教融合绩效评价指标体系,通过案例等探索分析产教融合的绩效影响,同时在理论、实践层面为职业教育与产业的进步提供相关发展建议及参考。

本研究主要包括高等职业教育产教融合绩效评价的理论基础、高等职业教育产教融合绩效评价的现状成效分析、高等职业教育产教融合绩效评价的主要问题分析、高等职业教育产教融合绩效评价的问题纾解、高等职业教育产教融合绩效提升建议(即高等职业教育产教融合高质量推进建议)等内容。高等职业教育产教融合绩效评价的理论基础,主要通过对相关文献的梳理和分析,明确产教融合的内涵、特点、目标及其理论基础,为绩效评价研究提供理论支撑;高等职业教育产教融合绩效评价的现状成效分析和主要问题分析,主要根据产教融合的特点及目标,结合高等职业教育的实际情况,形成包括教育资源投入、教育过程管理、教育成果产出等方面的绩效评价指标,开展高等职业教育产教融合绩效评价执行成效分析,并结合国内外产教融合绩效评价的现实情况梳理其中的主要问题;高等职业教育产教融合绩效评价的问题纾解,主要以相关的高等职业院校为例,运用问卷调查法、访谈法、数据分析法等方法,从环境、机制、主体等层面对产教融合的绩效进行实证分析,探究产教融合提升高等职业教育质量和促进产业发展的关键所在;高等职业教育产教融合绩效提升建议,主要根据相关分析情况,提出针对性的对策与建议,为高等职业教育的改革与发展提供实践指导。

在研究方法上,本研究采用问卷调查法、文献研究法、访谈法和数据分析法等多种方法开展相关研究工作。通过文献研究法梳理和分析相关文献,明确研究背景和理论基础;通过问卷调查法和访谈法收集数据,了解产教融合的实际情况和存在的问题;通过数据分析法对数据进行处理和分析,得出研究结论。

本研究的创新性和特色有以下几点。第一,选题新,本研究以我国高等职业教育产教融合为研究对象,探讨其中绩效评价情况。第二,视角新,本研究将产教融合绩效和教育发展结合起来研究,并从环境、机制、主体等层面强化其对于教育发展战略影响的研究。第三,方法新,本研究采用多种方法进行实证研究,以更加全面、深入地了解我国产教融合绩效发展的实际情况和存在的问题。第四,重点突出,本研究关注当前我国高等职业教育产教融合的热点问题,如支持和保障我国高等职业教育产教融合机制、主体等层面高质量发展的文化资源建设,宏观层面的国家政策,中观层面的校企互动机制,微观层面的校内推动产教融合高质量发展的教学改革等举措,相关内容均涉及产教融合绩效评价的核心内容,为高等职业教育产教融合绩效评价研究提供借鉴和启示。

本研究对于高等职业教育产教融合绩效评价的研究具有一定的贡献和价值。第一,采用多种方法进行实证研究。本研究采用问卷调查法、访谈法、数据分析法等多种方法相结合的方式进行实证研究,可以更加全面、深入地了解产教融合的实际情况和存在的问题,提高研究的准确性和可靠性。第二,构建科学、系统、可操作的高等职业教育产教融合绩效评价指标体系。本研究在借鉴国内外相关研究的基础上,结合高等职业教育的实际情况,构建了包括教育资源投入、教育过程管理、教育成果产出等方面的绩效评价指标体系,为产教融合绩效评价提供了科学依据。第三,提出针对性的对策与建议。本研究根据实证分析结果,提出了针对性的对策与建议,为高等职业教育的改革与发展提供了实践指导。这些对策与建议既符合当前高等职业教育的实际情况,又具有前瞻性和可操作性,能够为高等职业教育的可持续发展提供有力支持。虽然本研究在理论内涵、执行成效、借鉴反思等层面形成了一些相关成果,但从发展的视角看,依然存在广泛的研究空间。未来研究可以在上述方面进一步拓展和深化。

本书受到浙江商业职业技术学院学术专著出版资金资助。

嵇新浩

2025 年 3 月

目 录

第一章

现实价值：高等职业教育产教融合绩效评价的背景与意义

第一节　研究缘起与研究意义

一、研究缘起

（一）创新驱动能有效响应区域经济社会发展需要

从宏观层面看，创新已经成为各国争相抢占的制高点，创新优势将带来知识经济的快速发展，进而促进高技术领域的持续创新和技术产业的持续发展，从而进一步带动区域经济社会发展。区域经济社会发展与创新驱动息息相关，创新驱动又满足区域经济社会发展的诸多前置条件，由此来看创新驱动响应区域经济社会发展需要。2019 年以来，世界经济复苏放缓，外部形势相对严峻，我国正面临日益严峻且复杂的国际环境，尽管形势发生变化，但我国仍保持稳定的经济增长态势。据国务院新闻办公室 2025 年 1 月举办的 2024 年国民经济运行情况新闻发布会报告：初步核算，2024 年全国国内生产总值（GDP）1 349 084 亿元，按不变价格计算，比 2023 年增长 5.0%。从经济增长的角度看，2024 年中国 GDP 首次突破 130 万亿元，季度增速方面，一季度同比增长 5.3%，二季度增长 4.7%，三季度增长 4.6%，四季度增长 5.4%，呈现"前高、中稳、后升"的态势，且整体趋势进一步巩固向好。相关机构按可比价格计算，2024 年经济增长的增量显著，展现出强劲的发展活力。人均国内生产总值也实现稳步提升，2024 年，人均国内生产总值达到 95 749 元，比 2023 年增长 5.1%。2024 年中国 5.0%的经济增长率不仅高于全球

3.2%左右的预期增长率(国际货币基金组织),同时就权重而言,在世界主要经济体中也表现突出。2024年中国经济对全球经济增长的贡献率保持在30%左右,持续成为全球经济增长的重要稳定器。我国经济社会发展进入新阶段,新产业、新技术、新模式、新业态、新服务等全面实施创新驱动发展战略,坚持高质量发展,有效推进并促进了我国经济平稳深入发展,实现了新时期经济的持续健康发展,与此同时,对创新发展提出了新的要求。一方面,世界经济国际社会贸易合作趋势明显,互利共赢促进世界各国经济稳定,缓解国际贸易不平衡现象;另一方面,以高职院校为主体,政府为主导,行业企业、社会组织等为支撑载体的产教融合共生创新发展形式,旨在通过创新升级,进一步提升产教融合的发展层次,进而引发产教融合的变革,进一步提高其质量和效益,打造线上线下融合、产教深度融合、大中小企业融合等多要素构建的产教融合发展格局,加快培育职业教育产教融合的新动力,缓解所在区域对高素质技术和技能人才的需求,同时实现经济跨越式发展目标。

(二)教育改革回应面向未来教育发展需求

面向未来教育追求高质量人才培养需求,又回应当前教育改革困惑。立足高质量发展新要求,贯彻创新发展新理念,构建职业教育改革新格局,我国职业院校必须激发人才培养等教育教学活力和质效,针对当前教育困境与改革困惑,进一步以专业教育为载体,将适度前瞻性的人才培养这一核心内容融入专业人才培养体系内容和框架,构建起分层分类、深度融合的教育改革体系,带动职业教育变革,并直接作用于新时代教育发展方式的转变与就业压力的缓解。一方面,有利于我国教育驱动要素的转变,由规模效应转向内涵效应;另一方面,高职院校有责任和义务为当地经济社会发展作贡献。在探索创新人才培养体系、机制和科学教学模式的过程中,高职院校应积极加强人才培养,为促进经济社会发展提供强有力的人才和智力支持,解决当前教育发展中的困惑,缓解毕业生就业压力。

近年来,产教融合共同体协同育人教育模式(如高职校地之间的合作)成为讨论的热点,引起学术界的关注。在理论研究和实践探索中,高职院校相继提出了校本案例分析和论证。浙江商业职业技术学院与义乌市政府合作,在浙江电子商务学院共同培养电子商务专业人才,这是产教融合协同育人的典型模式。以人才培养为产教融合的核心任务,依托地方政府的支持和领导,推动高职院校、产业企业等发展产教融合,构建利益共同体和人才共同体,为区域培养高层次技术技能人才,逐步扩大产教融合共同体发展的社会效应,吸引更多实体参与产教融合实践活动,形成高职院校产教融合协同共进的共同体态势。在职业教育新时代,产教融合已成为通过共同体协同育人教育模式培养技术技能人才的新探索途径。一方面，在人才培养方面，高等职业教育产教融合强调绩效评估，促进教育与产业部门之间的人才发展交流，更符合当前社会对高等职业教育技术技能人才培养的需求；另一方面，在课程和教学方面，与过去的人才培养模式相比，职业教育产教融合共同体协同育人教育模式更注重职业教育与生产实践的结合，教学模式和方法更加灵活多样。通过平衡理论学习和实践教学的投入产出比，进一步提高了教育与产业部门的联系桥梁，可以更好地综合政府、行业企业、高职院校等相关资源，开展职业教育与产业融合的人才培养和储备。

（三）教育发展要对接国家产教融合发展战略

教育的发展与政治、文化、科技等诸多领域相关，教育的发展与国家发展战略的推进一脉相承。随着时代的变迁，国家产教融合发展战略通过赋能科技、经济等领域的协同创新，驱动教育高质量发展与高效率提升，进一步对现代化教育体系产生影响。中国的"人工智能＋"行动战略、乡村振兴战略、"一带一路"倡议等与产教融合紧密相关的战略具有前瞻性、实践性和时代性，为高等职业教育技术技能人才创新培养提供了机遇。"人工智能＋"行动明确要求职业教育培养复合型技术人才，覆盖产业智能化、民生服务、全球合作等六大领域。该行动聚焦工业智能、人机协同等新兴领域，推动单一技能培训向人工智能复合型能力转型；在虚实融合实训中，实现场景驱动与数据赋能的个性化学习，破解传统实训时空限制；依托智能体平台打通校企数据链，构建云端与方案协同的服务体系，深化产教协同，加速技术知识分布式沉淀与创新转化。这一行动标志着职业教育从工具性赋能转向生态性重构。乡村振兴战略，其目的是培养职业技术技能人才，通过人才回流和反馈，进一步实施乡村振兴战略，逐步解决农业、农村和农民问题。"一带一路"倡议自提出以来，我国与相关国家的互动更加频繁、顺畅。同时，"一带一路"职教联盟、"一带一路"城市旅游联盟等联盟相继成立，在一定程度上推动了高等职业教育技术技能人才的开放型、实用型培养体系的进一步完善。与此同时，我国与参与国联合培养高素质技术技能人才已成为常态。一方面，通过创新驱动与数字化转型，加速推进中国产业转型升级的一体化进程是确立中国在全球产业格局中地位的重要举措。产业转型升级的成败与产教融合人才培养模式的高水平发展密切相关。另一方面，高等职业教育产教融合的人才培养模式已成为推动新时代国家战略和举措的助推器。产教融合的大规模、高层次人才培养，不仅推动产业升级发展，而且加快人才集聚、产业孵化、对外合作等产教融合平台的建设，为全球共同体协同发展注入人力和智力。

二、研究意义

(一)理论意义

产教融合、校企合作是新时期我国职业教育发展的基本教育模式,也是培养高素质劳动者和技术技能人才的内在要求。党的十九大报告明确提出:"完善职业教育和培训体系,深化产教融合、校企合作。"2017年12月5日,国务院办公厅印发的《关于深化产教融合的若干意见》指出:"深化产教融合,促进教育链、人才链与产业链、创新链有机衔接,是当前推进人力资源供给侧结构性改革的迫切要求。""积极支持社会第三方机构开展产教融合效能评价,健全统计评价体系。"2019年1月24日,国务院印发的《国家职业教育改革实施方案》更是明确指出:"在开展国家产教融合建设试点基础上,建立产教融合型企业认证制度,对进入目录的产教融合型企业给予"金融+财政+土地+信用"的组合式激励,并按规定落实相关税收政策。"党的二十大报告提出:"统筹职业教育、高等教育、继续教育协同创新,推进职普融通、产教融合、科教融汇,优化职业教育类型定位。"那么,现有职业院校产教融合的现状、模式有哪些? 如何评价职业院校参与产教融合的绩效? 要回答上述问题,必须找到评价指标,建立职业教育产教融合绩效评价模型。这对促进教育链、人才链、产业链与创新链的有机衔接具有突出的意义和价值。第一,有利于完善我国产教融合的理论体系。国内学术界的研究主要侧重于对运作模式、发展思路和国际经验等方面的研究,对职业教育产教融合的绩效评估、组织特征、制度化过程等微观层面的研究还很薄弱。本课题通过实证研究,尝试提出职业教育产教融合项目的评估研究体系,可以为我国职业教育产教融合相关研究的发展提供理论支撑。第二,有利于构建产教融合、校企协同育人体系,完善多主体育人的长效机制。建立职业教育产教融合的认定指标体系及绩效评价模型,对职业院校或应用型本科院校产教融合项目进行监督、预测和调控,可以为项目决策提供依据,优化配置合作各方的资源,打造产教融合生态发展。

(二)现实价值

第一,有利于政府部门了解企业的产教融合水平。本课题在梳理总结归纳相关政策、研究文献的基础上,针对产教融合这一核心概念,解读产教融合型企业的自身特点,对企业产教融合水平进行科学评价,方便政府部门了解企业产教融合发展的总体情况，以系统化思维提出更科学合理的政策，推进产教融合发展，深化教育综合改革，加快建立与产业强省相融合的高质量教育体系。

第二，有利于企业有针对性地完善自身产教融合能力。若缺乏对产教融合型企业的评价，企业便无从得知自身在产教融合发展方面的不足，也很难找到有针对性的解决办法。产教融合型企业评价指标体系如同一根标尺，企业可借鉴评价指标来提升自身产教融合发展能力和人才培育能力，为企业更好地向产教融合型发展提供依据，注入新的动力和活力。通过研究制定产教融合型企业的指标体系和激励办法，可以更好地发挥企业的主体作用，引导多元主体共同参与，构建促进实体经济、技术创新、现代金融、人力资源等协调发展的产业体系，促进人才培养的供给侧和需求侧结构要素的全面融合，增强创新型和技术型人才的数量、结构和素质，提升产业核心竞争力，聚集发展新动能，为促进高质量发展提供有力支撑。

第三，有利于职业院校提高选择校企合作企业的效率。目前，职业院校在众多企业中选择合作伙伴需要耗费大量的时间和精力。如果有完善的评价指标体系对企业的产教融合程度进行评价，职业院校对企业的情况一目了然，进而缩小选择范围，节约时间和精力。

第四，有利于推进职业院校产教融合的实效性和积极性。20 世纪 80 年代以来，我国政府先后出台了一系列校企合作政策文件，地方政府也陆续出台了校企合作促进办法，为吸引企业参与职业教育产教融合和校企合作提供了政策导向。但是，随着产业自身和职业院校等业态发生巨大变化，很多政策无法有效调动企业参与职业教育的积极性。设计针对各省职业教育特点的、符合省内企业发展需求的科学有效的激励政策，可以高效地提高企业办学和参与职业教育的积极性，更好地促进产教融合、校企合作发展。

第二节　国内外研究现状

一、国内产教融合绩效评价研究现状

职业教育产教融合绩效评价是基于产教融合协同育人等职业教育主要职责的效能情况研究发展而来。

在中国知网数据库搜索关键词"产教融合绩效评价"，发现国内在该领域的文献主要集中在产教融合绩效评价的内涵、产教融合绩效评价的类型和方法、产教融合绩效评价的影响因素、产教融合绩效评价的问题和对策等方面,涉及职业教育、高等教育、计算机软件及计算机应用、企业经济、新闻与传媒等多个学科。其中被引用较多的核心期刊论文包括:李婷等发表的《职业教育产教融合质量评价体系构建研究》、秦凤梅等发表的《基于 CIPP 模型的职业教育产教融合质量评价研究》、陈新民等发表的《资源整合视角下高职院校产教融合绩效评价研究》、周春光等发表的《高职教育产教融合绩效评价研究——基于灰色聚类评估模型的分析》、朱铁壁等发表的《产教融合成熟度评价及对策研究——结合五省 15 所高职院校评价结果的分析》、罗汝珍等发表的《职业教育产教融合政策执行成效的评价研究》、周桂瑾等发表的《国家"双高计划"中期绩效评价的江苏实践》、周正柱等发表的《基于 CIPP-IPO 模型的应用型高校产教融合成效评价研究》、李正标等发表的《基于利益相关者理论的高职院校产教融合绩效评价研究》等。

(一)产教融合绩效评价的内涵

对产教融合较早的研究是美国芝加哥大学教授福斯特(Philip J. Foster,1965)发表的《发展规划中的职业学校谬误》。近年来,关于产教融合的研究已成为我国教育研究中的热点和焦点,目前关于产教融合理念的研究已经比较丰富。学者们认识到,培养技能型或应用型人才必须走学校和业内优秀企业开展合作的教育之路。这类研究主要在两个方面取得了进展。首先,产教融合是国家创新体系的重要组成部分,对促进科技成果转化、推动产业转型升级意义重大(李道先,2012;李长友,2014;黄劲松,2015;黄明东,2017;冉兆春,2018),但是,这类研究忽略了产教融合项目中的投入产出比,且主要集中在定性层面,较少有定量分析、效率研究。其次,从产教融合的维度与路径的优化上看,一些学者提出优化产教融合的路径需要学校按照创新驱动发展的战略要求,在促进完善体制机制、协同创新、加速成果转化、构建创新平台、培养创新人才等方面不断发展探索(王保林,2015;程龙,2017;杨克,2018)。虽然对产教融合绩效评价内涵的解读因人而异,但相关研究学者普遍认为,校企合作、产教融合是职业教育改革发展的必由之路。产教融合绩效评价在识别职业教育人才培养目标薄弱环节、拓宽高职教育人才就业创业路径、积累高职教育教学特色、促进融合深入发展等方面具有丰富内涵。一方面,学者们表达了生产与教育一体化绩效评价内涵的丰富性。李响初等(2023)认为产教融合是"双高计划"建设的重要保障与基本原则,其为"双高计划"的顺利实施与高素质技术技能型人才培养的有效实施奠定基础,产教融合绩效评价可进一步促进产与教的深度融合,强化人才培养的适应性和针对性,为相关法律法规的出台提供建议[①]。张晓湘等(2023)认为理论层面研究可以进一步明确产教融合绩效评价指标标准和评价方法,进一步促进产教融合构筑科学有效的绩效评价体系,完善人才培养体系以及有关的理论研究[②]。另一方面,学者们表达了生产与教育一体化绩效评价内涵的创新。潘海生等(2013)认为,通过高职院校与企业合作,提高高素质技术技能人才培养质量,已成为新时代经济转型发展的关键。创新职业教育模式和绩效评估是职业教育发展的关键和内核工作[③]。唐佩(2022)指出,职业教育产教融合绩效评价由第三方开展是实施职业教育产教融合绩效评价的最佳方式[④]。与此同时,也存在着两个方面的问题:第一,与产教融合关联的实施主体目前有两种说法,一种认为由实施职业教育产教融合的主体(即职业院校、企业等)开展绩效评价较为合适,另一种则认为由第三方开展职业教育产教融合绩效评价较为科学客观,在整体产教融合发展理念下提出多主体主导的绩效评价,其核心为平衡多样化的产教融合利益相关者关系,进一步提升产教融合投入产出比,两者之间的有效融合仍需要进一步发展。第二,校企合作与产教融合之间存在明显差异,显然,前者是多方合作关系的体现,而产教融合更多的是校企合作关系下培养技术技能人才的模式。目前,一些学者也认为校企合作是"表面",产教融合是"内部"发展,若能从绩效评价的结果进一步透视产教融合的"里",则可锚定职业教育优化发展的核心价值与实施路径。

(二)产教融合绩效评价的模式类型

模式是指事物的标准与风格,用于展示事物结构的可认知、可复用的标准范式。职业教育领域的研究具有跨学科和跨领域的多维开放异质性,从实践发展角度来看,产教融合绩效评价模式有很多种,绩效评价模式的划分主要基于其类型、方式,如 CIPP-IPO 模型、产教融合目标达成度、网络 DEA 模型、熵值法、CRITIC

---

① 李响初,李依宸."双高计划"视域下高职院校产教融合创新发展:现状、困境与路径[J].南方农机,2023(22):169-172,195.

② 张晓湘,周劲松.高职院校产教融合实训基地功能实现与绩效评价[J].职教发展研究,2023(4):9-15.

③ 潘海生,王世斌,龙德毅.中国高职教育校企合作现状及影响因素分析[J].高等工程教育研究,2013(3):143-148.

④ 唐佩.职业教育质量第三方评价:多重逻辑、现实困境和优化路径[J].南方职业教育学刊,2022(2):26-32,42.

法等。陈丹等(2023)构建了高职教育产教融合绩效评价的二级指标体系,以定量与定性相结合的方式,借鉴熵值法与CRITIC法并合成赋权,同时对湖北省高职院校产教融合绩效评价进行实证分析,由此得出高职院校在毕业生质量、团队师资水平、科研综合能力、社会服务与培训情况等方面的对比情况,并提出进一步优化"双高计划"建设的相关建议[①]。李文秀(2023)以平衡计分卡为工具,在高职院校产教融合绩效评价中进行有益的尝试,其基本思路为建构财务、客户、内部业务流程、学习与成长等多维度产教融合绩效评价框架体系,强化指标设计与权重、算法的考量,同时建议绩效评价指标设计要与时俱进[②]。盛立军等(2023)基于IPO模型,即"输入—过程—输出"模型,建构高职院校产教融合质量的绩效评价思维导图,综合运用德尔菲图与层次分析法确立产教融合质量评价指标体系与相关指标权重系数,该产教融合绩效评价指标体系包含3个一级指标、9个二级指标、33个三级指标[③]。周正柱等(2024)基于利益相关者、系统论、资源依赖等多理论,运用CIPP-IPO模型,建构针对应用型高校产教融合绩效评价指标体系,该绩效评价指标体系涵盖产教融合背景、投入、过程、结果等维度的11个二级指标、22个三级指标,运用该指标体系对上海某高校进行产教融合绩效评价,综合得出高校、企业、高校毕业生等主体的产教融合绩效评价情况[④]。许艳丽等(2023)基于产教融合资源与成果的发展关系,构建网络DEA模型,以此评价我国"双高计划"建设院校的实际建设成效,其中产教融合资源指标主要涉及建设投入相关的人、财、物等基础设施建设情况,包含专业教师数、学生人数、校内外实训基地、专业群数等6个指标[⑤]。产教融合成果产出指标主要涉及校企主体共同推进的相关工作,包括通过人、财、物投入而开展的人才培养、技术开发、社会服务等。然而,以上的职业教育产教融合绩效评价模式的类型存在两个方面的缺陷。首先,在考察产教融合绩效评价模式的应用密度方面,如平衡计分卡显然具有短期性应用与模糊性结果的特征,围绕内部业务流程、客户、学习与成长等维度的设计需要及时跟进企业相关需求,实现定

---

① 陈丹,陈伟,文云立. 熵值法与CRITIC法合成赋权的湖北高职院校产教融合绩效评价研究[J]. 广西职业技术学院学报,2023(5):89-98.

② 李文秀. 平衡计分卡在高职院校产教融合绩效评价中的应用[J]. 未来与发展,2023(3):100-105.

③ 盛立军,傅彬. 基于IPO模型的高职院校产教融合质量评价建模研究[J]. 宁波职业技术学院学报,2023(6):35-40,56.

④ 周正柱,沈思含. 基于CIPP-IPO模型的应用型高校产教融合成效评价研究[J]. 中国高校科技,2024(1):67-73.

⑤ 许艳丽,蔡璇. 基于网络DEA模型的"双高计划"院校产教融合建设成效评价研究[J]. 现代教育管理,2023(2):82-93.

制化发展，否则，这种有针对性的人才培养模式在发展中显然存在发展局限，可能不具备广泛适用和推广的价值。其次，在产教融合绩效评价模式创新方面，目前有许多新模式的创新实践和经验总结。然而，来自行业企业的推动力在这些模式中表现不足，在技术赋能、利益协同，推动评价从结果导向转向过程增值的过程中，相关主体推动力不足加剧当前产教融合的绩效瓶颈，即产教融合协同推进不力。

（三）产教融合绩效评价的影响因素

影响因素研究是指调查影响产教融合绩效评价有效性的相关变量，并探索这些变量之间的相互关系。目前，产教融合对人才培养绩效的影响主要来自政府、行业企业和高职院校等利益相关者。霍丽娟等（2009）通过对河北省近 100 家企业的调查问卷发现，影响产教融合绩效发展的外部影响因素包括地方政府相关政策指导和保障机制的完善性[①]。王斌（2012）认为，高职院校存在的发展问题，例如无法保证职业培训条件符合企业要求，无法与社会需求共同改善职业教师条件，无法进一步将专业结构与企业需求相匹配等，影响了企业获得的实际效益，从而影响了产教融合人才培养模式的推广[②]。祝成林等（2015）认为，通过产教融合培养人才的机制还不够健全，与产教融合相关的企业地位不明确。同时，高职院校作为产教融合的主体，社会服务能力不足，无法支持产教融合人才培养模式的实际实施[③]。赵亮等（2017）认为，产教融合人才培养模式受制约的主要原因是政府的推动和可持续性不足、企业的投资意愿不足、高职院校的认知和技术不足[④]。郝天聪（2019）提出，企业与具有公益属性的高职院校在人才培养的组织确定性上存在差异。企业需要考虑其在市场经济环境下投资行为的合理性，这将影响产教融合发展绩效的实际效果[⑤]。戴国宝（2023）认为，产教融合绩效与企业收益、学校收益、学生满意度相关，其中企业收益主要体现在毕业生直接上岗率、科技成果转化率与新产品销售率等技术创新层面；学校收益主要体现在专业技能提升等学生成长、教师科研能

---

①　霍丽娟，刘新起，李虎斌，等．企业参与校企合作的意愿调查与分析——以河北省企业为例[J]．职业技术教育，2009（34）：35-39.

②　王斌．基于新建高职院迎评促建工作的思考[J]．职业技术，2012（3）：105.

③　祝成林，柳小芳．产教融合背景下高职教育培养技术技能人才的困境与路径[J]．职业技术教育，2015（34）：41-45.

④　赵亮，华婷．基于 NSSE 工具的高职阿拉伯语学生学习投入评价方式研究[J]．时代农机，2017（10）：151-152,154.

⑤　郝天聪．长三角地区职业教育服务经济社会发展的能力、挑战与改革思路[J]．职业技术教育，2019（4）：38-43.

力提升等师资水平、科研平台与基地建设等科研项目和平台情况;学生满意度主要体现在工作条件与发展潜力等对企业满意度、实习企业与专业的对口程度及实习教师指导水平等对学校满意度层面[①]。总体而言,产教融合绩效评价的影响因素分析陷入了所谓的三元主体关系,也即仅从政府、行业企业和高职院校的框架进行研究和分析,无法突破职业教育漩涡,主动关注职业教育的人才培养模式的构建和实施。找寻产教融合绩效评价的影响因素,一方面可以从政府、行业企业和高职院校所具备的条件入手;另一方面可以从产教融合协同发展的本质出发,探索需要形成的有效合理的引导和发展机制。

(四)产教融合绩效评价中存在的问题研究

目前,关于产教融合绩效评价问题与对策的研究多采用以问题为导向的方法,遵循提出实际问题、分析问题、解决问题的发展逻辑。吴建设(2005)指出,校企产教融合长效机制建设的发展维度是从发展动力、组织保障、资金投入等多个方面构建的[②]。梁艳清等(2011)对产教融合在校企合作中的满意度水平进行了实证研究,认为行政协调措施、整体课程规划、实践体系与规划、实习企业选择与实践、课程设计与教学、实习实践绩效评估六个方面对高职院校学生参与产教融合的满意度有显著影响[③]。王振洪等(2012)认为,激励行为应该是基于利益概念的正向驱动。同时,要协调相关利益诉求,保护合法合理利益。通过这些方面的共同努力,可以建立产教融合机制,促进产教融合人才培养模式的完善[④]。赵蒙成(2016)提出,需在校企合作中构建产教融合信息共享平台,加强产教融合主体之间的沟通协调机制,深化产教融合考核机制等,以进一步提升产教融合的实效[⑤]。陈志杰(2018)认为,政府不断优化相关政策,进一步完善制度建设,是解决产教融合人才培养模式相关问题的前提[⑥]。吴一鸣(2018)认为,要转变政府职能,强化政府在产教融合人才培养过程中的引导作用,进一步创新高职院校的组织形式和治理模式,

---

① 戴国宝.基于黄炎培职业教育思想的高职院校产教融合绩效评价研究[J].山西能源学院学报,2023(6):31-34.

② 吴建设.高职院校专业教学质量评价的应用性研究[J].中国职业技术教育,2005(10):24-25.

③ 梁艳清,张永林,关昕.职业院校学生校企合作教育满意度量表研究[J].职业技术教育,2011(35):86-89.

④ 王振洪,王亚南.高职教育校企合作利益机制及构建路径[J].黑龙江高教研究,2012(4):66-68.

⑤ 赵蒙成.校企合作质量:现状、问题与提升策略——基于苏州市的调查[J].职教论坛,2016(28):49-56.

⑥ 陈志杰.职业教育产教融合的内涵、本质与实践路径[J].教育与职业,2018(5):35-41.

适应产教融合的人才培养需要①。综上所述，关于产教融合绩效评价存在的问题，已经有很多思考和研究成果。这些研究，一方面，从宏观层面提出了从法律法规、监督机制、财政投入等方面加强产教融合绩效发展的体制机制的措施。另一方面，从微观层面，如企业或学校的角度，讨论了确保产教融合在校企合作中的增值发展，提高产业企业参与产教融合积极性的建议。

二、国外产教融合绩效评价研究现状

在国外没有产教融合这一说法，可以说产教融合起源于中国，但与产教融合相关的校企合作起源于国外。国外为促进校企合作，对校企合作的内涵和分类、产学研研究模式、绩效评价的类型和方法、影响绩效评价发展的要素等相关问题进行了大量的及时全面的研究。随着产学研合作的不断发展，产学研合作模式呈现多元化趋势。美国、日本、英国等国家通过产学研合作培养创新性人才的做法趋于成熟，已基本形成了稳定的模式。美国以企业为主体，以市场为主导的模式，呈现企业集群式发展，产学研协同机构直接创办企业（Gary，2012）。英国有"三明治"模式、教学公司模式、科技园区模式等（Aderson，2016）。日本有委托研究模式、共同研究模式、接纳受托研究员模式、合作研究中心模式、科技城和高新技术园模式等（Nonaka，2017）。但是，这类研究忽略了产教融合项目绩效的评价和不同模式间的对比。三重螺旋理论利用生物学中有关三重螺旋的原理解释大学、企业和政府三者在知识经济发展中相互依存的互动关系（Henry Etzkowitz，1995）。有学者提出评价产学合作绩效的指标至少应包括生产力、范围、财务效益、教育、出版物、专利等（Tomas Hellstrom，1999）。有的学者从成本收益视角对企业参与校企合作尤其是现代学徒制的投入产出构成、净收益值及影响因素进行了理论模型建构和实证数据分析（Sachverständigens Kommission，1974；R. Falk，1983；V. R. Bardeleben，et al，1995；S. Hanhart，et al，1998；R. Euwals，R. Winkelmann，2001；BIBB，2000，2007，2010；J. Schweri，et al，2003；U. Beicht，et al，2004；P. Ryan，et al，2006；G. Walden，2007；G. Schönfeld，et al，2010；M. Blatter，et al，2012；S. Muehlemann，et al，2013；S. C. Wolter，et al，2014）。总体而言，国外产学研绩效评价起步较早，相关研究较为丰富，相关数据库建设较为完善。

---

① 吴一鸣. 职业教育产教融合的现实问题与应对策略：一个市域案例[J]. 职业技术教育，2018（31）：44-50.

第三节　研究思路与主要研究内容

一、研究思路

本书在梳理已有关于职业教育产教融合绩效评价的研究成果的基础上,为高等职业教育产教融合发展建立了绩效评价框架。重新解读产教融合的内涵和特征,探索其理论基础,并结合实际案例对产教融合影响因素提出相关分析。在此基础上,基于产教融合的基本内涵和影响因素,形成了科学合理的职业教育产教融合评价指标体系和测度模型。根据指标体系和模型,对职业教育产教融合的驱动力和现状进行了实证测量。构建职业教育产教融合机制与效应的理论分析框架,基于理论分析和定量测量对产教融合发展现状进行实证分析,探索职业教育产教融合的驱动和互动效应以及内外效应,通过环境层面、机制层面、主体层面等对高等职业教育产教融合高质量发展的问题分析与案例纾解,进一步明晰我国高等职业教育产教融合绩效评价的主要问题,之后以前期分析为基,提出我国职业教育产教融合高质量推进的总体逻辑与政策建议以及三个主要层面的发展建议。

二、主要研究内容

本书共分七章内容。第一章为高等职业教育产教融合绩效评价的背景与意义,阐述了研究缘起与研究意义,分析了国内外研究现状,提出了研究思路、主要研究内容、研究视角、研究方法等内容;第二章为高等职业教育产教融合绩效评价的内涵要义,针对国内外的理论研究,分析绩效与绩效评价等相关理论内容,从联动视角提出高等职业教育产教融合绩效评价的特征、功能与原则,从基本理论、主要任务、发展逻辑等方面进行综述与评价;第三章为高等职业教育产教融合绩效评价的企业参与,分析了企业参与产教融合绩效评价产生的影响、定位类型与动机、企业深度参与的逻辑;第四章为高等职业教育产教融合绩效评价的分析研究,从绩效评价方法选择、指标体系设立、模型构建、实证结果分析等方面进行阐述;第五章为高等职业教育产教融合绩效评价的实践分析,借鉴德国、日本、澳大利亚的产教融合绩效评价实践,构建职业教育产教融合的驱动机制与发展状态的国际化对比分析体系,分析我国职业教育产教融合绩效评价的主要问题;第六章为高等职业教育产教融合绩效评价的问题纾解,从我国职业教育产教融合绩效评价高质量发展的三个维度出发,在环境层面、机制层面、主体层面等分析高等职业教育产教融合绩效评价高质量发展的相关发展案例;第七章为我国高等职业教育产教融合高质量推进建议,提出高等职业教育产教融合内外效应产生的总体发展逻辑,并对职业教育产教融合绩效的内外效应进行分析,提出在环境层面、机制层面、主体层面等高质量发展的政策建议。

第四节 研究视角与研究方法

一、研究视角

本研究以产教融合相关理论为主要视角,同时将产教融合绩效发展和教育发展结合起来,以环境、机制、主体等层面作为对策分析的相关视角,即以此来构建相应的分析框架,对高等职业教育产教融合绩效评价进行研究。就研究的理解路径而言,本研究遵循了从浅到深、由表及里的基本逻辑。从理解问题到分析问题,再到解决问题,每个阶段都是基于问题的发展逻辑,逐步合理推进并扩展,在综合的基础上,对问题进行全面深入的把握和分析,并提出解决问题的方案。就技术路线的构建层面而言,以问题导向和实践导向为原则,以解决高等职业教育产教融合绩效评价研究问题为基础,以高职产教融合绩效评价为研究核心,在一般研究与个别研究相结合、从静态到动态逻辑研究相结合的基础上,以高等职业教育产教融合绩效评价的实际发展状况为出发点,以实地调查、专业教学实践等结论为研究基础,理论与实践相结合,深入分析影响高职产教融合绩效评价的关键因素,并客观传达其模式内的逻辑关系,理性前瞻地探索这一问题的发展趋势,从而为高等职业教育产教融合人才培养模式提供切合实际的理论指导。

二、研究方法

借助科学发展观,本研究利用文献查阅与数据收集、实证分析等方法,对职业教育产教融合的测度、机制和效果进行了相关研究,研究使用的主要方法如下。

第一,文献查阅与数据收集法。科学研究离不开文献综述研究,本书根据分析目标确定文献资料检索与查阅的要求和范围,选定文献资料查阅依据,大量收集国内外资料,并通过统计数据网站和调查研究获得撰写本书的相关数据和资料信息,使本书有可靠的事实论据。

第二,定性描述与归纳演绎法。本书在研究过程中,重视对概念的定性描述和文献综述的梳理。通过理论与实践分析总结和推导出职业教育产教融合的影响因素,定性解释了职业教育产教融合绩效评价的机制与效果。

第三,定量分析法。运用统计定量分析方法,对职业教育产教融合程度进行了定量研究,建立产教融合绩效评价指标体系和模型,评价产教融合驱动力和发展水平,还对职业教育产教融合机制与效果进行了定量分析。

第四,实证分析法。通过对全国相关高职院校产教融合的驱动力和现状的实证分析,找出不同规模职业教育产教融合发展过程中的共同特征和差异,并在此基础上对机制和效果进行解释分析。

第五,比较分析法。比较分析法是一种用于确定事物之间异同的逻辑分析方法,是经济学中常用的研究方法。本书基于高等职业院校产教融合的驱动力和状态测度,采用比较分析法分析了不同高校产教融合绩效趋势,并提出了涵盖不同类型高等职业院校发展的产教融合发展策略。

本书将上述分析方法应用于具体内容之中,力求以客观、科学的研究态度分析和解决主要问题。

第二章

理论内涵:高等职业教育产教融合绩效评价的内涵要义

第一节 高等职业教育产教融合的内涵和特征

一、职业教育产教融合的概念界定

高等职业教育简称"高职",研究之初对于高职的概念界定直接影响高等职业教育人才培养的成效与定位问题。在《教育大辞典》中,高等职业教育(高职)被定义为:属于第三级教育层次,即高等教育的一部分;它包括职业教育和技术教育两个方面。高职教育旨在为学生提供就业前所需的职业技术教育;同时,它还涵盖了从业者在职业生涯中可能需要的继续教育和培训。在国外,职业教育通常分为几个层次:第一,基础职业教育。这一层次的教育主要是为了培养具备基本技能的工人,他们能够执行一些技术性的工作,但通常不需要高级的专业技能。第二,技术教育。比基础职业教育更进一步,技术教育旨在培养能够运用更复杂技能和知识的技术人员,这些人员通常能够进行一些专业的技术工作,例如维护、修理或者操作更高级的设备。第三,专业教育。这是职业教育的更高层次,专业教育的目标是培养工程师或者高级专业技术人员,这些人员不仅具备深厚的专业知识,还能够创新和解决复杂问题。所谓的"高职"应等同于国外的"高等专业技术教育"。在联合国教科文组织(UNESCO)发布的《国际教育标准分类》(ISCED)中,第五级的大学教育被划分为两个分支:以学术研究为主导的教育(5A)和以技术实践为主导的教育(5B)。5B级别的教育专注于提供特定职业或行业所需的实际技能和知识,旨在让学生完成学业后能够具备进入劳动力市场的必要能力和资格。这种教育类型与当前所指的高等职业教育（高职）相对应。根据《中华人民共和国高等教育法》和《中华人民共和国职业教育法》，高等职业教育被界定为职业教育体系中高等教育的一环，是高等教育不可或缺的组成部分。它基于高中文化水平，旨在培养具备一定理论基础和较强实践技能的人才，这些人才将入职基层、生产一线、服务和管理岗位。高等职业教育的目标是培养实用型、技能型的高级实用人才，它兼具职业教育和高等教育的特点，代表着职业教育在更高层次上的延伸和发展。

产教融合主要是指以学校与企业为主体合作交融开展人才培养、技术研发、社会服务等相关工作。对于产教融合的概念解释，国内外学者的研究多有些许差异。但目前多采用以下解释：产教融合作为一种独特的职业教育形式，已经将学校内传统学习与在公立或私立公司等机构的有偿、有计划和有监督的工作实践结合起来。它允许甚至鼓励学生走出学校，在现实世界中获得更好的实践操作，以增强他们的职业发展信心。产教融合的概念有层次之分，一般分为宏观层面的产教融合、中观层面的产教融合和微观层面的产教融合。产教融合这一概念可以从不同层面进行理解，在宏观层面，这通常涉及国家级的行动，指的是政府、教育行政部门与行业主管部门之间的协作。这种融合的目的是制定和实施政策，以确保教育体系与国家产业发展的需求相匹配。在中观层面，这是指地方政府、教育部门与地方产业之间的合作。在这一层面上，融合的目标是促进地区教育与地方产业的紧密结合，以支持地方经济的发展。在微观层面，这主要是指学校和企业之间的直接合作。这种合作涉及双方在教育项目、课程开发、实习实训、技术研发等方面的共同参与和管理。微观层面的产教融合强调的是学校与企业之间的实际协作，以培养更符合市场需求的人才。当前，产教融合的实践主要集中在微观层面，即学校与企业的合作。这种合作模式体现了现代社会分工的细化、生产技术的提升和科技进步，旨在通过两个独立实体之间的协同工作，来提升教育的实践性和针对性。产教融合不仅需要遵循教育规律，还要适应市场经济的运作机制，以实现教育与产业的双赢发展。

产教融合需要同时满足学校和企业的需求，双方需要有互补的优势，产教融合是一种多方共赢的策略，它将教育与产业紧密结合起来，形成一个互动的生态系统。在这一过程中，企业寻求具备必要技能和知识的高素质人才，以推动其业务发展和技术进步；学校则寻求与实际工作环境相接轨的实践教学平台，以提高教育的实用性和学生的就业能力。通过这种融合，社会、企业和学校能够实现资源共享、优势互补，共同促进人才培养和技术创新。产教融合不仅有助于学生更好地适应未来的职业生涯，也有助于企业获得所需的人才资源，同时为学校提供了与行业紧密联系的机会，从而推动整个社会的经济发展和科技进步。

二、职业教育产教融合的理论基础

（一）杜威的"从做中学"理论

杜威是美国著名的教育家和哲学家，他提倡以实践为中心的教育模式。杜威认为，教育应当是一个行动中学习的过程，强调学习应当围绕学生的兴趣和主动性展开。他主张教育应该超越传统的知识传授，更多地关注学生的体验和实践。杜威认为，知识的获取和经验的积累应当基于个体与外部世界的互动。因此，他主张学校应该模拟一个小型的社会环境，通过创建工厂、实验室、农场、厨房等设施，让学生在实际操作中学习他们感兴趣的领域。为了实现这一教育理念，杜威提出教学中应设计和实施模拟真实工作场景的教学方法。这种方法旨在通过模拟实际的生产和工作环境，让学生在参与和体验中学习，从而更好地理解理论知识，并将其应用于实践。通过这种方式，学生能够在学校的"小社会"中发展其职业技能和生活技能，为将来的社会生活做好准备。在情境教学法中，重点是激发学生的创新思维，通过实践活动来引导学生发现并解决问题。这种方法体现了杜威的通过实践学习的教育哲学。杜威认为，教育应当使学生掌握在学术和职业生活中必需的知识与技能。他的教育理念在当时是颇具革新性的，尽管在实际操作中可能会遇到一些挑战。在现代地方工科院校中，产教融合的人才培养模式要求教育与产业紧密结合，强调动手实践与理论学习的同等重要性。因此，地方工科院校应当采取以下措施：结合理论与实践，确保课程设计既包含理论知识的学习，也包含实践技能的培养；情景模拟，在教学中创造模拟的工作场景，让学生在接近真实的环境里学习和应用知识；问题解决，鼓励学生在遇到问题时主动寻找解决方案，培养他们的解决问题的能力；产教对接，与产业界合作，确保教育内容与产业需求保持同步，提高学生的就业竞争力。通过这种方式，地方工科院校能够培养出既具备理论知识又具备实践技能的实用型人才，满足社会和市场的需求，培养实用型人才，增强实践能力，提升学生的实践操作技能。因此，杜威的"从做中学"的理念强调了通过实际操作和经验积累学习的重要性。这一理念倡导将学生主动参与的体验式学习方式作为教学的核心，以取代传统的以课本为中心的教学模式。杜威的这一理论在中国教育的多个领域得到了应用，并对教育理念、师生互动等方面产生了深远影响。杜威的理念着重于提升学生的实际动手能力，激发他们的探究精神，使学生掌握问题解决技巧，以及增强他们适应和胜任实际工作的能力，这对于中国高等职业教育的进步至关重要。基于其实用主义的哲学立场，杜威倡导教育的实际应用原则，并将其融入教育实践，从而构建出一种以实用主义为基础的教育哲学体系。他强调学生应通过亲身体验和探索来与现实世界互动，从而帮助学生从之前的观察者角色转变为主动的参与者和行动者。通过参与实践活动，学生能够逐步加深对世界的理解和认识，这体现了学习与实践相结合的教育理念。

杜威主张教育的根本任务在于培育个体的探究性问题解决技能，这种技能的培养需依托科学方法的系统训练。他主张教学应与科学探究的过程保持一致，并基于此理念，提出了"五步思维法"或"五步问题解决法"。具体步骤如下：一是为学生创设一个实际情境，让他们有机会在实践中"操作"；二是在这一情境中激发出一个实际问题，并将其作为思考的起点，确保学生有具体可"操作"的内容；三是学生需掌握相关知识并进行必要的观察，以解决这一问题，为他们提供"操作"的支持；四是学生应负责系统地发展他们的解决方案，经历一个完整的"操作"过程；五是学生应有机会通过实践检验他们的想法，评估其有效性，即对"操作"的结果进行评价。这种五步教学法虽然表面上强调"操作"，但在"操作"的同时，学生也在不断地"学习"。高等职业教育旨在培育能够适应一线生产和服务管理的高技能专业人才，即那些能够直接在基层岗位和工作场所进行实际操作的应用型人才。这些一线人才的培养不能仅依赖于传统教育模式，他们需要通过实际的生产和工作实践来获得和提升能力。因此，高等职业教育应更加重视学生职业能力的培养，强调教学中实践与理论的结合，实现学生的"操作"与"学习"的统一，以增强学生的职业适应性。

全面考察杜威的"五步思维法"教学模式，可以发现"在做中学"的理念在高等职业教育中的运用，主要表现在对师生角色的恰当界定和教学策略的恰当选择上。在最初实施"在做中学"的教学方式时，常常存在对教师角色的误解，即倾向于认为教师在实践教学中是"做"的主导者，负责为学生准备所有必需的材料和设备，以便学生进行实践活动。然而，当学生开始"做"时，老师只是旁观者。如果以这样的思维方式对待"从做中学"，结果往往是师生不着边际的实践，无法实现学习。倡导"从做中学"的教学理念，并不等于削弱教师的角色和重要性。无论学习环境是设置在传统的教室、高科技的实验室，还是真实的工厂现场，教师始终扮演着不可或缺的指导者和促进者的角色。在这一点上，教师也不再是一人独讲，而是起到"指路人"等相关作用。关于教师的具体功能和作用，主要体现在以下三个方面。

首先,要为学生营造一个接近实际的应用场景,从中引出一个能够激发学生学习热情的问题。其次,在学生实际操作的过程中,当他们遇到错误、难题、疑问、新发现或争议时,教师应提供有针对性和深思熟虑的指导。学生在积累了一定的实践经验后,应当学会提炼和总结自己的知识,否则他们的实践活动可能会变得毫无成效或效果不佳。最后,要给予学生机会去检验他们行动的结果。"在做中学"理论的精髓在于学习者本身,他们通过实践活动激发思考,最终达到学习的目的。这一过程是学生通过自己的探索和努力来获取知识和提升能力的过程。在这个过程中,教师的引导和学生的亲身操作与思考都是必不可少的。只有让学生通过亲身实践和思考来分析和解决问题,他们才能真正体会到知识在实践操作中的应用。

在中国高等职业教育不断进步的背景下,教学策略越来越偏向实践性,重视与社会实际和用人单位需求的紧密结合,致力于提升学生的实际操作技能。尽管教学手段多种多样,但它们在实施过程中始终强调教师的教导和学生的学习之间的互动。在传统教育观念里,教学往往被理解为教师在讲台上通过口头讲解、示范操作,辅以教学工具和多媒体辅助材料来传授知识,而学习则是学生在教室内聆听、观察、记录的过程。教师在这一过程中扮演着主导角色,他们的讲授和指导被视为教学的核心,若教师减少讲授,则可能被认为是缺乏责任感,不够勤奋。这种观念过分强调了教学的形式和教师的单向传授。然而,"从做中学"提供了一种更为人性化的教学理解。它不仅要求学生参与实践操作,更强调学生在教师的指导下进行有意义的实践和思考。这种教学模式将学习过程与实际情景相结合,教师在学生实践的过程中对其进行指导,旨在通过实践促进学生的思考和理解,实现知识的应用和内化。

(二)陶行知的"教学做合一"理论

陶行知是中国近代杰出的教育家、思想家和学者,他曾赴美国深造。在海外学习期间,陶行知接触并学习了包括杜威和克雷伯在内的多位美国著名教育家的教育理念。完成深造归国后,他将这些先进的教育思想与中国的实际情况相结合,致力于教育改革。1926 年,陶行知提出了自己的生命教育理论,其中包括"生活即教育""社会即学校"和"教学做合一"三大核心理念,特别是"生活即教育"的理念具有深远的影响。陶行知认为,教育若脱离生活,则失去活力;学校教育若不以生活为中心,则变得僵化。在当时的中国,陶行知的教育理论具有重大的社会意义和实践价值。他主张教育应与实践相结合,这一理论不仅深刻指出了传统教育的不足,也为教育改革提供了切实可行的方案。陶行知的教育理念对当时的教学产生了积极的影响,并且他强调教育应与实际生活紧密相连,这要求教师采用创新的教学方法,在学的基础上发展教学策略。在陶行知看来,教与学都应以做为中心,以确保学生能够获得全面的知识与技能。陶行知的教育理论同样适用于当前产教融合、培养市场所需人才的教育模式。他提出的"生活即教育"理念明确指出,教育内容应与市场和社会的发展保持同步。针对一些工科院校毕业生综合素质和实践能力不足的问题,学校可以借鉴陶行知的理论,调整教学内容,使之更贴合社会经济发展的实际需求。

陶行知生命教育理论的三个基本命题是"生活即教育""社会即学校"和"教学做合一"。研究人员对于陶行知先生所提出的"生活即教育""社会即学校""教学做合一"这三大教育理论的历史演变进行了深入探讨,但目前针对这些理论在现代教育实践中的历史演变的研究还相对较少。本书尝试从教学方法的角度对"教学做合一"与实践的整合进行分阶段分析,以期更好地理解和应用这一理论。

1. 萌芽期(1917—1925 年)

20 世纪初,中国开始引入日本的教育学说,尤其是教育学、学校管理学等方面的知识被大量引进。在这一时期,清末民初的学校在教学方法改革中,广泛采用了从日本引进的赫尔巴特的"五阶段教学法"。这种方法因其简单易行而受到教师的广泛欢迎,但同时也因其机械性和形式化而受到批评,因为它在无意中将教与学分离,忽视了学生的兴趣和个体差异。1917 年,陶行知从美国留学归来,担任南京高等师范学校教育系主任,他注意到国内学校教育中存在的问题,并提出将教学方法改为教学法,尽管后来这一提议并未被采纳。1919 年,陶行知发表了一篇名为《教学合一》的文章,主张教学方法应以学习者的方法为基础。在五四运动期间,陶行知将教学方法转变为"教学做一体",这是"教学做合一"理念的起源。这一理念的提出,是为了纠正当时教育中忽视学生主体地位和生活需求的问题,强调了教学应与实践相结合。

随着西方教育思潮的东渐,中国开始接纳并实践多种以学生为中心的教学策略,如项目教学法和道尔顿制,这些方法在 20 世纪 20 年代被正式引入中国学校。这些创新的教学模式在初入中国时受到了广泛关注,它们强调学生的兴趣和参与,一度引起教育界的热烈讨论。然而,随着实践的深入,这些方法未能充分结合中国具体国情的问题开始显现。虽然这些教学方法试图模拟现实生活,但有时因教师主导的课程设计与学生实际生活脱节,而忽视了系统性知识传授的重要性。在道尔顿制中,学生虽享有一定的自由度,但过度依赖书本知识,这些书本知识与学生的日常生活依然缺乏联系。陶行知批评这种现象是从传统的"老八股"变成了"新八股",即教育变成了自我教育,但生活依然是生活,两者之间缺乏实质性的联系,教学改革与中国实际脱节。针对这一问题,陶行知提出了"教学做合一"的教育理念,强调在实际操作中学习,在动态学习中进行教学,教学方法应基于学生的学习方式,而学习方式则应以实践操作为核心。这一理念于1925年他在南开大学的演讲中得到了明确表述,当时张伯苓先生建议将"教学做合一"的概念改为"学做合一",陶行知深受启发,从而确立了"学做合一"的教学和实践理念。这一理念的提出,标志着陶行知对于教学与实践相结合理论的成熟,为中国教育改革提供了新的视角和方法。

2. 形成期(1926—1938年)

1926年,教育家陶行知通过《中国师范教育建设论》《试验乡村师范学校答客问》两篇作品,详尽地阐述了"教学做合一"的理念。1927年3月,秉承这一理念的晓庄试验乡村师范正式开学。1927年7月,陶行知发表了一篇名为《教学做合一》的演讲,并撰写了一篇文章,专门解释了晓庄试验乡村师范校训的含义,以回应一些同志对此理念的疑惑。由此,"教学做合一"的概念得到了正式的确立和推广。在晓庄试验乡村师范,这一校训被具体化为实践,学校明确提出,学校内只有教员而无传统意义上的教师,强调学生实践的重要性以及师生间教学相长的互动。晓庄试验乡村师范的教学模式也不拘泥于传统的班级授课方式,而是采取了"院务教学"和"农业教学"等创新的教学方法。尽管晓庄试验乡村师范时期的"教学做合一"理念与"从做中学"有所不同,但两者之间仍然存在一定的相似之处和相互影响。

3. 发展期(1939—1948年)

1939年7月,育才学校在重庆正式创立。历经长期教育实践,该校不仅深化并发展了"教学做合一"的教育理念,还成功超越了晓庄试验乡村师范时期的特色,彻底摒弃了杜威"从做中学"理论的束缚。育才学校所倡导的"教学做合一",尤为注重集体生活的价值,鼓励学生于集体中实践自我管理、探索新知、勇于创新,并矢志追求真理与创造新价值。同时,学校也着重培养学生掌握坚实的基本技能和基础知识。在课程设计上,育才学校精心规划了普通课程与特修课程两大体系。普通课程聚焦于国文、外语、数学及科学方法四大核心技能,被视为通向现代科学与文明的"金钥匙"。而特修课程则广泛涵盖文学、音乐、绘画、戏剧、自然及社会六大领域,旨在为拥有特殊才能的学生提供量身定制的教育资源。两者相辅相成,共同为学生构建坚实的知识基础。育才学校对教师队伍的建设也极为重视,特邀各领域专家担任专业组负责人,以强化对学生的专业指导。在教学模式上,学校并未完全摒弃传统的班级授课制,而是根据实际情况,认为在初始阶段,针对国文、数学、外语等科目,按学生掌握程度分班授课,更为经济高效。此外,学校还制定了教学公约,以维护良好的教学秩序。育才学校还积极倡导课堂教学与社会实践的结合,根据学生年龄及工作经验,组建了多个社会服务团队,致力于为周边社区提供服务。这些社会服务活动不仅让学生在实践中学习、教学相长,更实现了"做中学"与"做中教"的教育理念。

4. 批判期(1949—1977 年)

陶行知先生在 1946 年逝世后,他的教育思想,尤其是"教学做合一"的理念,受到了广泛的关注和讨论。徐特立等学者认为,这一理念体现了辩证唯物主义的思想,具有深远的教育意义。为了纪念陶行知,1950 年出版了多部纪念特刊和文集,进一步肯定了他在教育领域的贡献,特别是他的生命教育思想,被认为是具有"重大的革命意义和创造性的"。

然而也有观点认为"教学做合一"的理念虽然适合当时的社会环境,但在现代社会中,这一理念可能不再适用。1951 年,某评论家指出,陶行知的教育哲学实际上源于实用主义,认为"教学做合一"忽视了系统科学知识的重要性,因此只适合传统日常生活中的零散经验。这种以书本为工具,从经验出发的教学方法被认为是不正确的,也是唯心主义的。

1957 年,陶行知的教育哲学经历了一次重新评价的时期。1957 年 2 月《文汇报》发表了梁忠义的文章《陶行知生活教育思想与杜威实用主义教育思想的根本区别》,文章提出生命教育理论是在中国近代民主革命时期形成的一种民主教育思想体系。1957 年,邓初民在其文章《陶行知先生在中国教育史上的地位和作用》中指出,"教学做合一"这一理念打破了封建社会的"死读书"模式,实现了理念与实践的统一,并具有劳动教育的意义。然而,从 1958 年开始,学术界对陶行知的"教学做合一"理念展开了新一轮的批判。评论家白韬认为"教学做合一"是一种错误的教学方法,尽管如此,他仍然认为陶行知是"人民最受尊敬的教育家"。杨刚认为,尽管"教学做合一"在摆脱封建奴性教育、倡导教育与生活劳动相结合方面发挥了积极作用,但它也存在问题,如"系统理性知识被废除,主导课堂教学被废除,教师的主导作用被废除",这可能会降低教育的质量,阻碍学生获得系统的理论知识,使他们成为短视和庸俗的实用主义者。方与严也指出"教学与实践的结合"过度强调"做",忽视了系统知识的传授。凌汉如认为,邓初民等的文章只肯定了陶行知的正确性和先进性,而没有批判其错误性和落后性。程志宏认为,"教学做合一"的教学方法是基于资产阶级实证教学方法,必须批判。赵文衡认为,实施"教学做合一"必然会消除"教"与"学"的概念,只剩下盲目的"实践",从而降低了教师在教学中的主导地位。自 1959 年起,陶行知的教育思想和教育哲学成为研究的禁地,关于"教学做合一"的研究长期处于停滞状态。这一时期的评价和批判反映了当时社会对教育哲学和方法的不同看法,以及对陶行知教育理念的复杂态度。

5. 重评期(1978—1984 年)

随着 1978 年中国共产党第十一届中央委员会第三次全体会议的召开,学术界迎来了一个更为宽松的研究氛围,这使得学者们能够更加客观地评价和应用陶行知的教育理念,特别是他关于生命教育的思想。在这一时期,即便是在 1979 年和 1980 年,一些学者对于将教学与实践相结合的做法仍然持有保留态度。如李桂林等在其文章《试评陶行知的生活教育》中提出"教学做合一"虽然是一项大胆的尝试,但其带有强烈的实用主义色彩。他们认为这种教育方法可能会使教育质量下降,因而它可能会导致教育和实践之间的联系被削弱,而按照这种方式培养出的人才,可能仅对现实进行小幅度的改善,难以成为有深度和广度的创新者。

到了 20 世纪 80 年代中期,学术界普遍认同陶行知的"教学做合一"思想是一种创新的、革命性的、科学的教育方法,它深深根植于中国民众的实际生活之中。研究者们开始认识到陶行知的这一思想与杜威的"从做中学"有明显的区别,并不是简单地将杜威的教育理论移植到中国。陶行知的"教学做合一"是他通过长期的实践、体验和反思,逐步形成和发展起来的,它体现了陶行知对于教育的深刻理解和独到见解。这种教学方法强调了教育与学生生活实践的紧密联系,旨在培养学生的实践能力和创新精神。

6. 运用期(1985 年至今)

自 1985 年《中共中央关于教育体制改革的决定》发布以来,陶行知的"教学做合一"理念在学术界获得了广泛认可,并被积极应用于课堂教学、师资培训等多个教育实践领域。研究趋势主要体现在三个方面:首先,学者们更加重视"教学做合一"理念在实践中的应用,而在理论研究上则相对较少深入。普遍观点认为,这种教学模式具有明显的优势和价值,因此被广泛应用于师范生培养、儿童道德能力提升、课堂改革、学科教学及职业教育改革等领域。特别是从 2007 年起,对"教学做合一"的理论探讨变得更加活跃,到了 2011 年陶行知诞辰 120 周年时,这一理念的应用和推广达到了高峰。其次,一线教育工作者成为探索和实践"教学做合一"理念的主力军。随着学术界对这一教学模式应用价值的认可,许多教育实践者开始结合自己的教学实践,积极参与"教学做合一"的研究和实践中。最后,研究者在理论探讨中展现出新趋势,他们或者深入阐释这一理念的理论内涵,或者在实际应用中不断丰富和完善对"教学做合一"的理解。总体来看,这一时期的研究更加注重

"教学做合一"理念在教育实践中的运用,同时也在逐步加强对其理论基础的探讨和研究。

陶行知的"教学做合一"理念作为一种融合了教学与实践的教学策略,被他植入具体的教育背景之中,并且配置了适宜的课程体系和教科书,以此来达到教学手段和教学内容的和谐统一。在育才学校时,为了培育具有特殊才能的人才,"教学做合一"的教学策略通过六个小组的设置,实施了多样化的课程计划。这种教学内容与教学方法的紧密结合,极大地激发了"教学做合一"的活力和潜力。教学方法的革新需要与教学环境、课程设置、教材选择等因素相匹配,否则可能会破坏教学方法与教学内容之间的内在联系。因此,我们必须重视当前学校教育中教学方法改革的方向,确保教学方法与教学环境、课程、教材等因素相辅相成。

(三)福斯特的产学合作理论

福斯特作为英国在教育领域享有盛誉的学者和专家,是当代产学合作理念的杰出倡导者。他提出的产学合作模式对于教育与产业界的融合具有深远的战略意义。福斯特指出,由于参与者在理论和技能方面的不足,许多职业教育计划在实施上遇到了障碍。因此,他主张在推动产学合作时,首要任务是着手于课程的职业化设计,从理论学习出发,最终实现与就业市场的对接。同时,福斯特强调,高等职业技术学院在培育技术应用型人才的过程中,应该重视产业与教育的紧密结合。他建议学校应从以下几个关键点来优化和改进各类职业技术教育项目:第一,合理规划地方工科院校的规模,确保在提升学生综合素质的同时,与社会经济发展的需求相匹配。第二,对地方工科院校的课程体系进行革新,开发更多工作实践与学习交替结合进行的"三明治"式课程模式。第三,调整地方工科院校的学生构成,尽可能地将在职人员纳入学生群体,使其成为高职院校学生的重要组成部分。

福斯特在全球职业教育领域扮演着举足轻重的角色,长期致力于该领域的学术探究。他的学术成就令人瞩目,曾在伦敦大学经济学院深造,并在芝加哥大学担任教育与社会学教授及比较教育中心主任的职位,同时也在澳大利亚麦考瑞大学担任教授和教育学院院长,以及在美国纽约州立大学执教。福斯特因1965年发表的论文《发展规划中的职业学校谬误》而声名大噪,该论文集中展现了他对职业教育发展的关键思想和深刻见解。这些观点不仅被国际金融机构(如世界银行)采纳,也成为全球众多国家制定职业教育政策的重要参考。

20世纪60年代,西方世界广泛流行"发展经济学"理论,该理论主张通过政府的积极推动实现发展中国家的经济增长,可能受到集中式、非市场导向的计划经济模式的影响。在此背景下,教育领域内出现了"人力资源理论",这一理论认为学校教育可以根据政府的经济规划和长期人力资源预测,培养一定数量的、训练有素的人才,以支持经济发展。在教育发展战略上,这一学派建议发展中国家通过投资职业教育和将职业教育内容融入普通学校课程来促进经济增长。这一理论得到了联合国教科文组织和世界银行等国际组织的支持,成为当时许多发展中国家教育和经济发展的指导性理论,英国经济学家巴洛夫是这一学派的代表人物。与之相对的是,福斯特作为长期专注于发展中国家教育理论研究的专家,基于自己多年的研究成果,撰写了《发展规划中职业学校的谬误》一文,系统地阐述了他对职业教育的看法,提出了与主流学派不同的观点,引发了职业教育理论领域的深入讨论。最终,福斯特的观点和理论在职业教育领域内占据了主导地位,他的思想主要体现在《发展规划中职业学校的谬误》以及他后来发表的一系列文章中。他的主要思想和观点可以概括如下。

第一,职业教育的开展应紧密跟随劳动力市场的需求。福斯特强调,职业教育的成功在很大程度上取决于其毕业生在就业市场上的机会和职业发展的潜力。因此,职业教育的课程设计和实施必须基于对市场需求的准确理解和预测。

第二,职业教育项目应评估"技术浪费"的问题。福斯特指出,在许多发展中国家,由于就业岗位与所学专业不匹配,导致了技术人才的浪费。这种情况可能由多种因素造成,包括人才培养超出了市场需求、人才被分配到不相关的岗位,或者毕业生因为不理想的职业前景和薪酬而选择非本专业的工作。福斯特认为,发展中国家应当重视这一问题,并在职业教育计划中予以考虑。

第三,职业学校的课程安排本身并不能单独决定学生的职业道路或彻底解决失业问题。福斯特的观点与巴洛夫等主流意见相异,他强调学生的职业生涯更多地受到他们对就业市场机会的个人认知的影响,而非学校课程的直接作用。此外,失业问题并不是教育体系的问题,更多的是由于劳动力市场的实际需求不足所导致。

第四,基于简单预测的"人力资源规划"不应成为职业教育的依据。福斯特对20世纪60年代流行的大规模人力资源预测持批评态度,他认为这种预测往往不准确,并且可能导致人才和资源的浪费,加剧失业问题。他主张,职业教育的发展应当基于小规模、与实际发展紧密相关的培训计划,而不是脱离市场实际需求的大规模人力资源规划。

第五,职业学校的局限性。与巴洛夫等提倡在发展中国家大力发展职业学校以培养专业技术人才的观点相比,福斯特从职业学校体系内部的视角,揭示了这种教育模式存在的一些问题和缺陷。他指出,职业学校的运营成本较高,难以及时更新培训设施以跟上实际需求,同时学生往往对继续教育抱有期望,而职业学校的课程设置与就业市场的需求之间存在脱节。此外,职业学校的学生技能与实际工作要求不符,培训内容与工作环境不相关,且难以聘请到合适的教师。职业学校的教育周期较长,通常需要三年时间,这使得它们难以迅速适应劳动力市场的变化。基于这些原因,福斯特认为,职业学校的教育模式在实际效果上可能会失败,因此将其视为一种谬误。

第六,非正规在职培训的重要性。福斯特认为,与学校职业教育相比,企业内部的职业培训更为有效和经济。这是因为企业对所需技能和培训标准有更清晰的认识,并且能够提供更加贴近实际工作需求的培训环境。

第七,产学合作的教育模式。福斯特提出,尽管职业学校在规模上具有经济优势,但鉴于其存在的诸多不足,需要进行根本性的改革。他提倡实施产学结合的教育策略,例如调整课程体系,引入"三明治"模式的工学结合课程,并在企业中增设实践教学环节,以此来减少学校教育与实际工作之间的差异。同时,他还提议在招生过程中纳入在职人员,推动职业教育和培训从传统的学校教育模式向与产业界和学术研究深度融合的合作模式转变。

第八,职业教育与普通教育的相辅相成。福斯特强调,一个完善的职业教育体系需要建立在坚实的普通教育基础之上。随着社会和科技的进步,各行各业对从业者的文化素养和基础知识要求越来越高。一个良好的文化基础不仅能够促进学生对专业知识的理解和掌握,还能增强他们未来接受继续教育和转换职业的能力。因此,职业教育应当在普通教育的基础上进行拓展,而不是简单地取代普通教育。

第九,反对普通教育的职业教育化。福斯特持有与巴洛夫不同的立场,他不认同在普通学校中增加职业课程、推动普通教育向职业教育倾斜的做法,认为这并不适合发展中国家的实际情况。他认为,普通教育的职业化不仅无法同时满足普通教育和职业教育的目标,而且可能导致教育资源的错配和教育目标的偏离。

第十,农村职业教育的特点和重点。福斯特特别指出了农村职业教育的必要性,并提出了几点核心建议:首先,农村职业教育的主要受众应是农民而非常规的学生群体;其次,其主要目标是向农民提供实用的生产知识和技术;最后,农村职业教育的实施需要激发农民的参与热情,因为农民更看重实用性,只有当他们亲身体验到新技术带来的实际好处时,才会激发他们的学习兴趣和动力。农村职业教育的成功取决于其与当地发展和农民增收的紧密联系。

福斯特通过深入研究和广泛调查,形成了一套具有深厚理论及实践基础的职业教育理论体系。尽管他的这些观点最初是在 20 世纪 60 年代中期被提出，但它们在当今的职业教育领域依然具有显著的相关性和影响力。他的理念强调职业教育应紧密跟随劳动力市场的实际需求，反对仅将简单预测的人力资源规划作为职业教育发展的依据，并主张职业教育应建立在坚实的普通教育基础之上。这些观点至今仍被视为职业教育发展的基本原则。

特别是福斯特关于职业学校应转型并采取产学合作路径的提议，显示出他对职业教育战略定位的前瞻性思考。职业教育与学术型高等教育不同，它更侧重于实践技能的培养和操作技能的训练，而非纯粹的理论知识传授。因此，强化实践技能的培养，推动产学合作，已成为全球职业教育的共识。

然而，福斯特的理论也存在一定的局限性，这主要体现在他对职业教育"学校形式"的几乎全面否定上。这种态度并不完全适用于所有国家的实际情况，包括中国。在中国，职业学校作为教育体系的重要组成部分，受到法律的明确规范和支持，并且在培养技术技能人才方面发挥着不可替代的作用。职业学校的教育模式在培养学生的文化基础和人文素质方面具有独特优势。

尽管如此，职业学校的教育模式并非完美无缺，它可以通过改革教育形式、课程体系和教学方法来克服其局限性。职业教育的发展应鼓励多元化的办学模式，结合产教融合和校企合作，以促进理论与实践的紧密结合。同时，应鼓励特色化办学，以满足不同行业的需求，并培养多样化的技术技能人才。在线教育平台的利用，也为拓宽学习渠道、实现教育资源共享提供了可能，有助于推动职业教育的全面发展。社会对职业教育的需求是多样化的，不同国家和地区的需求各有差异，因此，推动职业教育形式的多样化是必要的。总之，职业教育的发展应综合考虑各种因素，包括市场需求、教育目标、实践技能培养及法律规范等，以培养出适应社会发展需求的高素质技术技能人才。

三、职业教育产教融合的影响因素

第一，校企双方在产教融合理念和认识上的差异是影响因素之一。产教融合的价值一方面体现为学校结合企业的发展需求进行专业开设、课程体系建设及内容开发等，与企业发展同向同行，同时利用企业提供的实践条件提高学生的专业技术技能与职业认同感，提高学生自身的就业竞争力。另一方面体现为企业可以招聘到岗位所需的人才，降低人力资源成本，增加人力资源的储备，解除用人的后顾之忧，增加市场竞争力。无论是对高职院校还是对企业产教融合的合作价值都是显而易见的,然而,在实际的合作过程中,双方存在着理念和认知上的问题,影响了产教融合的深入开展。一些高职院校把产教融合看作解决学生实习的一种途径,用以完成实践教学环节任务,并把聘请企业技术人员授课作为补充师资不足的手段,对产教融合培养职业人才认知不到位,缺乏合作应有的动力和热情。另外,即使高职院校具有强烈的产教融合校企合作的意愿,也会在很大程度上受到企业的限制。一些企业缺乏战略思考,盲目相信人才培养是与企业无关的行为,高职院校对于这种认知的形成是有责任的,因为企业实质上只看重获得所需的人才或廉价劳动力,而并不想支付任何费用。由此可知,人才培养没有融入企业价值链,导致产教融合只停留在人才选取和任用上。产教融合的校企双方的认识和价值观影响了双方合作的深度融合。

第二,在产教融合机制上存在的问题是影响因素之一。这主要包括两方面的问题:第一个问题是机制相关问题。企业追求利润最大化目标的产教融合的驱动力机制问题是一个值得关注的主题。高等职业教育致力于培养具有社会责任感的人才。对于企业而言,如果追求社会效益需要承担额外成本,他们可能会缺乏积极参与的动力,不愿意全力投入资源;相反,如果企业在实现社会效益的同时能够获得经济上的回报,它们则更有可能表现出积极的态度。因此,经济利益是维系产教融合关系的关键因素和推动力。教育投资带来的经济回报往往存在时间上的延迟。企业在进行教育投资后,可能在短期内难以获得符合其发展需求的高技能人才,这可能会让企业感觉像是在进行单方面的付出。当企业感觉到投资与回报之间的利益不匹配,即它们无法从合作中获得预期的收益时,它们可能会认为合作的价值不大,从而减少或停止进一步的合作。第二个问题是产教融合的保障机制。一是相关政策和法律机制不健全。近年来,虽然高职院校在不断地探索和构建产教融合的各种模式,也有一些好的经验和做法,但总体来说,产教融合的效果不是很令人满意。其主要原因是国家和区域层面关于产业和教育一体化的政策和法律法规的缺乏和滞后,使其在产教融合取得实质性成果方面形同虚设。此外,地方政府在制定区域经济和技能人才发展规划、地方法规等方面存在滞后性,这可能导致高职院校的专业设置与行业企业所需的技能人才之间出现脱节,缺乏针对性。例如,一些地方政府未能及时发布行业企业所需的技能人才信息,这使得高职院校难以根据市场需求调整专业设置和人才培养方案。此外,缺乏制度保障也是一个问题。制度保障的缺失可能导致产教融合的实施效果不佳,企业和学校之间缺乏有效的合作机制和激励措施,从而影响职业教育的质量和效果。职业教育作为一项公益事业,离不开各级政府的引导。然而,目前政府对产教融合的主导作用还不够,没有设立专门的协调机构,也没有指定管理、指导和协调的部门。由于缺乏制度保障,各方利益难以协调,许多项目难以获得企业监督单位、劳动部门和教育监督部门的充分支持。同时,高职院校在建立适应产教融合发展的管理体系方面也存在一定的滞后性。为了解决这些问题,需要建立一个多方共建的体系,实现政府主导、行业引导、学校作为实施实体、企业积极参与,以形成统一的领导和管理。这需要通过政策引导和激励措施,鼓励企业参与职业教育,确保产教融合的健康发展。同时,也需要通过改革教育形式、课程体系、教学方法等,来弥补学校职业教育的局限性,强化其优势。目前没有专项的管理机构负责,也没有做到统一领导、责任明确、分级管理,这些因素都在一定程度上制约了产教融合发展的深入开展。

第三,产业结构的布局对劳动力需求有着显著影响。从产业角度分析,当农业(第一产业)占据主导时,普遍技术水平较低,对低技能劳动力的需求较大,对学校的教育贡献依赖较小。在科技应用于农业之前,教育难以直接产生经济效益。而在工业(第二产业)占主导时,制造业较为发达,需要大量高技能的技术技能人才。在技术水平较低的阶段,制造业对劳动力的需求有限,可以通过学徒制来培养技术工人。随着技术的进步,制造业进入大规模生产阶段,对技术技能人才的需求量大且要求高,需要专门的职业教育机构来培养。同时,制造业中的各个行业都有其特殊的生产指标和技术要求,职业教育与企业的合作成为培养适应岗位需求人才的关键。当服务业(第三产业)成为主导时,提供的服务更倾向于创新性和产品化,对人才的需求也随之提高,导致人才的差异化。一方面是因为产业发展导致行业分工越来越细化,另一方面是社会需求随着发展而不断变化或整合。发达的第三产业通常需要创新型人才,这类人才的培养需要高等教育和先进的科研环境作为基础。企业和高等职业教育机构的紧密合作对于培养能够将创新技术应用于实际生产和生活、产生积极影响的人才来说至关重要。

第四,劳动力市场也是影响因素之一。劳动力市场的结构对产教融合的影响主要表现在以下几个方面:一是劳动力市场的供需关系对产教融合产生重要影响。当劳动力市场呈现供过于求时,企业对产教融合动力不强,企业有大量劳动力可供选择,导致其不会在人才培养上下功夫,从而节约成本。当劳动力市场出现供不应求时,企业为了自身的发展才有与学校合作培养人才的动力,从而满足企业自身的人才需求。二是劳动力市场的管理体制对产教融合具有重大的影响。当劳动力市场管理制度严格时,则企业不能随意裁员,这在一定程度上限制了员工的流动性,企业参与人才培养的主动性增强,并将其作为企业发展战略的重要环节。相反,若劳动力市场管理制度不严格，企业的员工流动性大，企业可以到处挖人来获得所需人才，其参与人才培养的积极性和主动性弱，甚至不愿花费任何精力，最终造成产教融合困难。

第五，职业教育管理体制是影响因素之一。职业教育在对国家经济发展具有长期的发展意义，同时，也对当前的社会经济发展有着重大的影响。职业教育管理体制对产教融合的影响主要体现在政府、企业和学校三个方面。一般来说，职业教育需要政府、企业和学校等主体共同参与其中。当政府作用表现相对较弱时，通常是企业表现较为积极的时候，此时政府作用功能弱化或相对功能缺失会进一步促进企业主动积极参与。然而，企业在经济实力和影响力方面存在一定的限制，因此，国家职业教育的进步离不开政府的主导参与和对职业教育的整体规划与协调管理。国家在职业教育和培训体系中发挥着核心的指导作用。对于私立职业学校来说，它们一般不受政府的全面监督，能够根据市场需求较为自由地整合产业资源和教育资源。如果职业学校是公立的，它的生存和发展首先取决于政府对其的管理程度，同时也与市场的影响有关联，另外也会受到自身发展的竞争力的影响。如果政府对其的干预与管理越多，相对而言，市场参与就会减少，学校发挥自身的主观能动性就会受到更多限制，产教融合受到影响更大。

第二节　高等职业教育产教融合绩效评价的基本内涵

一、绩效与绩效评价

绩效的概念在我国古代就存在，历朝历代对官员的"考绩""考功"，实际就是考核官员的绩效。近代意义的"绩效"一词源于管理学，它最初被应用于项目管理与人力资源等领域，被认为是管理科学实践的关键组成部分。绩效评估是对组织或个人工作效能的审视，它提供反馈以促进改进。随着新公共管理运动的发展，绩效评估被引入公共部门，用以评价各部门的行政效能。新公共管理理论强调绩效的三个核心要素——经济性、效率和效果，即"3E"模型。1977年，费莱恩（Flynn）在原有的"3E"模型基础上增加了"公平性"这一维度，扩展为"4E"模型。其后，绩效概念在政府领域和教育领域也被广泛应用。

关于绩效的概念内涵，诸多学者进行了阐释和界定。伯纳丁（Bernardin）等认为,绩效是指在特定工作职责、时间框架、活动类型和行为模式等条件下产生的成果的记录。博尔曼(Borman)与莫托维德罗(Motowidlo)区分了任务绩效与关系绩效两种类型。任务绩效涉及与特定工作任务直接相关的行为;而关系绩效则指员工自愿为组织作出贡献的行为,这些行为可能与特定任务不直接相关。坎贝尔(Campbell)等研究者认为,绩效是员工能够控制并与组织目标相联系的行为。绩效是多维度的,不存在单一的衡量标准;它关注的是行为本身,而非行为的结果。这种行为应当在员工的控制能力之内。这种观点强调的是行为本身,而不是完成任务或达成目标的结果。卡策尔(Katzell)的研究则将绩效视为衡量组织目标达成程度的指标。普列姆昌德(Premchand)则将绩效定义为对组织的贡献、组织或项目的效率,以及产品服务质量和数量的综合体现。在中国学术界,绩效的概念也得到了深入探讨。桂昭明(2016)将绩效视为组织预期的成果,是不同层级的组织机构为达成发展目标所展现的有效成果,强调绩效是行为与结果的结合[①]。孙健敏等(2018)认为绩效是与组织目标相关且可观察、可评估的行为,这些行为对个人或组织的效能产生正面或负面的影响[②]。关忠良等(2013)则认为绩效是指员工在特定工作环境和时间内所取得的成绩和效益,是评价工作主体在工作过程中表现和价值的标准[③]。

绩效的概念内涵可以归纳为四种观点:第一,绩效是工作成果或产出的记录,如 Bernardin 等所代表的观点,强调绩效是特定工作职能、活动或行为产生的结果,与组织战略目标、客户满意度和成本投入紧密相关。第二,绩效是一系列行为的累积,墨菲(Murphy)和坎贝尔(Campbell)等认为绩效不仅是结果,因为个人的努力并不总能转化为工作成果,且结果可能受到外部环境的影响。相反,与组织目标相关的行为更能清晰反映个人的工作效率。第三,绩效是对结果、行为或过程的全面反映,布伦布拉克(Brumbrach)认为行为是个人在工作中的表现,不仅是结果的反映,也是完成任务所投入努力的"产物",可以独立于结果进行评估。绩效应定义为行为和结果的统一体。第四,绩效指标既非结果也非行为,而是行为与结果之间的桥梁,反映个人潜力。这种观点强调人的潜力对工作效率的重要性。综合来看,绩效可以被理解为特定工作职能、活动或行为在一定范围内产生的结果,是行为的结

---

① 桂昭明. 着力破除体制机制障碍是深化人才发展改革的关键[J]. 中国人才,2016(11):13-14.

② 孙健敏,邢璐,尹奎,等. 高绩效工作系统何时带来幸福感?——核心自我评价与成就动机的作用[J]. 首都经济贸易大学学报,2018(6):44-53.

③ 关忠良,张磊. 高校社会服务绩效的评价指标与评价模型研究[J]. 会计之友,2013(33):66-69.

果,也是特定工作职能或活动的产物。

现代意义的绩效评价是随着绩效概念的出现而发展起来的。如果将绩效定义为结果的一种状态,那么绩效评价则是对结果和行为的评估测量。目前,绩效评价已经成为各级政府和组织广泛认同并实施的行动,是人力资源管理的核心职能与关键环节。关于绩效评价的英文文献表述主要有"Performance Review""Performance Appraisal"和"Performance Evaluation"等。西方管理学中通常将绩效评价表述为"Performance Measurement"。国内外学术界对绩效评价的概念内涵进行了诸多研究。蒙迪(Mondy)和诺亚(Noe)从组织化与制度化的角度来看,认为绩效评价是一个正式的周期性过程,是用于评定和衡量个人或团队的工作表现的系统,而不是将其视作一个简单的活动或过程。博韦(Bovee)、希尔(Thill)、伍德(Wood)与多维尔(Dovel)将绩效评价视为一个过程,它涉及评估员工的表现是否达到预期标准,并在此过程中提供反馈。兰迪(Landy)从绩效评价作用的功能角度出发,认为绩效评价能够为组织提供实施奖励、惩罚和培训政策的依据,并在行为、态度、技能或知识等方面为员工提供改进的建议。丹妮尔·S. 维斯(Danielle S. Wiese)提出绩效评价是一种用于确定员工工作绩效有效性的行为的观点。在一个组织中,通常有两个绩效评估系统——正式和非正式。人际关系会影响上级对下级的偏好,并影响评估的有效性。R. 凯利(Rhilop R. Kelly)将绩效评估视为一种工具,用以衡量个人工作的价值、质量和数量,以评估其未来的发展潜力,并提供实现目标所需的支持。乔治(George)和琼斯(Jones)则认为绩效评估的结果信息主要有两个用途:一是用于评估和决策,包括人员晋升、薪酬设定和任务分配;二是用于发展,即通过评估识别需要通过额外培训来改善的领域,帮助员工设定合适的职业目标,并确定激励措施以提升绩效。绩效评价可分为评估型绩效评价和发展型绩效评价两类。

国内学者的研究中,赵曙明等将绩效评价定义为一个过程,它涉及对员工或团队的工作行为和成果进行量化,并使用预先设定的绩效评价指标体系来比较员工在评价周期内的表现,最终将评价结果反馈给员工,以促进沟通、协调和控制[①]。方若虹等则认为绩效评价超越了传统的考核范畴,它不仅评估工作业绩、潜力和未

---

① 赵曙明,孙秀丽. 中小企业 CEO 变革型领导行为、战略人力资源管理与企业绩效——HRM 能力的调节作用[J]. 南开管理评论,2016(5):66-76,90.

来发展，而且强调了动态的持续性①。绩效评价不仅关注对过去行为的评估，还预测组织和个人的未来发展方向，旨在通过适当的激励措施来优化未来的绩效。尽管不同的研究者对绩效评价的定义和理解存在差异，但他们的出发点和目标是一致的。绩效评价作为一种手段和工具，旨在服务于组织目标的实现，通过评估组织或员工的绩效来维持组织的竞争优势。

国内外学者对绩效评价内涵界定的研究体现了以下几个特点：第一，专注于评估准确性。研究的重点是评估的准确性，一些研究也倾向于探索训练方法来提高评估的准确性。第二，关注评估者在信息处理方面的行为。基于信息加工理论，探讨了评估者的认知处理过程与评估结果之间的联系。普遍观点认为，评估者的动机、与绩效信息相关的经验以及评估任务的特点等内外部因素，可能导致他们在认知处理方法上存在差异。第三，强调在组织背景下研究绩效评价。将绩效评价视为一个包含社会背景、情感和认知因素的复杂过程。评估者和被评估者在工作特性、个性、态度和价值观上的相似性，以及他们之间的物理和心理距离，可能是导致评估偏差的潜在因素。第四，重视提升绩效评估的内容、程序和工具的优化。个人绩效包括任务绩效和周边绩效，这涉及对具体工作职责和与工作绩效相关的某些质量特征的综合评价。普遍认为，仅使用单一指标来衡量个人绩效是不够的。需要关注组织内外部环境的变化，分析组织的战略目标，调整内部流程，并分析个人和组织创造的产品或服务的市场需求。在此认为绩效评价主要涉及使用客观的评价准则、有效的评价技术和工具，以及合理的评价指标，对一定时期内产出的成果进行公正和客观地评估。绩效评估的过程实质上是将员工的实际工作表现与预定的工作绩效标准进行对照的过程。

二、绩效评价的发展渊源

绩效评价并不完全是舶来品。我国古代的考绩制度，实质上类似现代意义的绩效评价。我国古代对各级官员的绩效评价，被称为考绩，也被称作考核、评定、评功、审查和成绩评定。考绩是皇帝和政府机构依据明确的标准，定期对各级官员的工作表现进行评价，并依据评价结果实施相应的奖励或惩罚。作为皇权与官僚之间的纽带，绩效考核制度在中国古代发挥了双重作用，使皇权和官僚政治得以运

---

① 方若虹，马康原，李淮燕，等．依托绩效考评建立高校高层次人才评价新体系[J]．郑州大学学报：哲学社会科学版，2008(5)：87-89.

作。考绩制度包含考绩标准、考绩程序、考绩结果运用三个方面。考绩标准是衡量官员政绩等级的基准;考绩程序通常涵盖了考绩的周期性、责任主体、操作步骤及评定过程;考绩的结果应用于官员的晋升、降职等奖励与惩罚措施。中华人民共和国成立后,党和政府在考察、培养和使用干部的进程中积累了丰富的经验,为中国建立和完善各领域的绩效评价体系提供了宝贵的参考。

西方国家文官制度和政府公共管理的发展完善积累了许多绩效评价经验。英国强调对公务员素质的评估,但素质评估的量化比较困难,无法保证评估的科学性及客观性。美国主要强调公务员的功绩评估,注重结果,容易定量分析,客观上也有利于观察,但实际上公务员的成就和素质之间存在非对等的差距,也就是说很难真实反映出其素质能力。

现代意义的绩效评价主要从企业管理、人力资源管理理论发展而来,企业等营利组织注重从财务角度和价值角度进行绩效评价。从财务角度进行的绩效评价主要通过权益收益率或净资产收益率(ROE)评价企业及经理人的绩效。从价值创造的角度出发,绩效评价主要关注经济增加值(EVA),即企业经营收益减去资本成本后的净额,以此作为评价标准。随着经济社会的发展,企业创造价值的模式也发生了改变,从主要依靠有形资产创造价值转向依靠无形资产创造价值,企业只有不断创造并引导顾客的需求才能赢得发展的空间。于是,一种面向财务或价值的指标,同时也是超越财务或价值的指标,将财务或价值指标与非财务或价值指标相融合,具有因果关系的战略绩效评价理念应运而生。罗伯特·S. 卡普兰(Robert S. Kaplan)和大卫·P. 诺顿(David P. Norton)提出了平衡计分卡理论。平衡计分卡引入了企业创造价值的动因,包括财务、客户、内部业务流程、学习与成长四个维度。平衡计分卡理论除广泛运用于营利性组织外,在非营利性组织和公共部门也得到有效的运用。

（一）我国的绩效评价

我国战国和秦汉时期实行"上计制"。上计制是一种年终考核制度,君主依据"按功行赏,量才授职"的原则来任命和解职中央及地方的官员。重要的中央和地方官员需提前一年将所辖区域内的相关事务整理成册,编纂成为"计划书",并将其分为两部分,君主和大臣各执一半。年底,官员们根据"计划书"向君主报告他们的成就,并接受评估。秦朝对官员的评价包括了两个方面:品德和政治成就(即政绩)。在品德方面,秦朝制定了一般行为规范和具体的要求,一般行为规范是"为官之道",具体要求是"五好""五失",要求所有官员做到"五好"而避免"五失"。在政治成就方面，主要评估一般官员的工作表现，评估司法官员的办案情况，评估军事官员的武术技能，评估农村基层官员的当地休养情况。两汉时期的上计制分为京官和地方官两类，除上计制以外，汉代的考核还包括由三公大臣等主持的部门考核，考核主要面向其下属等。魏晋南北朝时期，社会动荡，国家四分五裂。在贵族世家控制中央政府、在武官掌管地方政权的背景下，对官员的考核往往流于形式。在南朝时期，官员的三年任期通常被称作"小满"，六年任期称为"秩满"。"秩满"是指任期届满后可以终止。北魏时期，由于军事人员争夺朝廷官员，建立了"停年格"制度，只注重资历。北魏孝文帝时实行"三载一考"，五品以上官员由皇帝亲自考核，六品以下官员则由尚书来考核，考核评估的结果与职位的晋升或降低直接相关，考核结果好的被晋升，中等的被保留，最差的被解雇。隋唐时期的考绩制度有所发展。唐朝初年，设立了一个专门负责考试的部门——尚书省吏部。吏部长官最重要的职责之一是评估官员。这一时期的考试制度为根据职务分类评估各种官员制定了具体标准。唐朝时期，推出了"四善"作为所有官员的普遍要求，并针对不同的职位设定了特定的标准，将考核结果分为九个等级。宋朝苏洵提出"有官必有课，有课必有赏罚。有官而无课，是无官也；有课而无赏罚，是无课也"，将考绩与奖惩直接挂钩。明朝时期，朱元璋建立了朝臣制度，要求所有官员会见皇帝并接受皇帝的亲自考核。他还建立了一个特殊的奖惩制度：没有过错的官员会得到一个参加宴会的座位；为有过错但工作称职的官员提供宴请；不给有过错和不称职的官员宴请和座位。考察包括了京察和外察两部分，京察每六年进行一次，外察则主要由巡抚和布政司负责实施，每三年负责一次检查。清朝对官员的考察包括四项内容：守（操守：清、谨、平）、政（政绩：勤、平、怠）、才（才能：长、平、短）、年（年龄：青、健、壮）。在文职官员考核方面，首都官员的考核称为京察，三品及以上由皇帝考核，四品及以下由吏部考核。对地方官员的检查被称为大计，涉及对各省地方官员的评估，并向吏部报告。对军官的评估被称为军政，由兵部来负责。军政主要评估官员的能力、道德、骑术和射击技能、年龄，在晋升与否的遵循方面与文职官员有相同的程序。

我国现代的公务员考核制度是以党的干部考核制度为基础而逐渐完善建立的。中华人民共和国成立后，对干部的考核工作通常被称为"考察"或"鉴定"，在这一时期，干部考察的重点已经转变为提升和改进干部的素质及工作表现。1949年，中共中央组织部颁布了《关于干部鉴定工作的规定》，明确干部鉴定是对干部在一定工作和学习期间内各方面表现的检查与总结。考核内容扩展到了工作表现、专业技能、知识水平等方面。考核方式结合了个人自评、群众评议和领导评审。考核的目标已经转变为对干部的考察、培养、了解和使用。1964 年，我国开始注重考核干部的业务能力和专业知识，并在考核方法上结合了定性和定量的考核。1979 年，中共中央组织部发布了《关于实行干部考核制度的意见》，强调干部考核要坚持德才兼备的原则，全面考核干部的德、能、勤、绩四个方面，并要求结合领导和群众的意见，实行定期考核。1980 年，邓小平提出废除领导干部终身制，并指出了干部管理中缺乏有效考核制度的问题。他建议严格考核，明确奖惩。所有企业、学校和研究机构都应该对干部进行评估和考核，包括学术职称、技术职称和荣誉称号。奖惩应根据其工作的规模、质量和晋升情况进行，这些奖惩必须与物质利益挂钩。1988 年和 1989 年，中共中央组织部分别发布了《关于试行地方党政领导干部年度工作考核制度的通知》和《关于试行中央、国家机关司处组领导干部年度工作考核制度的通知》，对考核机构的宗旨、对象、形式、内容、时间、程序、设立和职责，以及考核结果在领导干部年度考核中的使用等作出了明确规定。1993 年颁布《国家公务员暂行条例》，专章规定了公务员的考核内容，包括德、能、勤、绩等方面，重点考核工作实绩。2008 年 4 月 27 日，全国人大常委会通过《中华人民共和国公务员法》，规定对公务员的考核包括德、能、勤、绩、廉，重点考核工作实绩。1994 年 3 月，第八届全国人民代表大会第二次会议通过《中华人民共和国预算法》，自 1995 年 1 月 1 日起施行。预算法为财政支出的绩效评价提供法律保障，规范建立公开透明的预算制度和财政绩效评价体系。2011 年 4 月，财政部印发的《财政支出绩效评价管理暂行办法》，明确了财政支出绩效评价的对象和内容，绩效评价目标，绩效评价指标、评价标准和方法，绩效评价的组织管理和工作程序，绩效报告和绩效评价报告，绩效评价结果及应用等。此办法提出，在预算执行完毕后，需要及时对预算资金的使用效果进行绩效评估，主要评估产出和结果的经济性、效率性和效益性。绩效评估应重点关注项目支出，特别是那些金额较大、与部门职能紧密相关、对社会和经济有显著影响的项目。2011 年 7 月，财政部印发《关于推进预算绩效管理的指导意见》，预算绩效管理是一种以成果为导向的预算管理方式，它增强了政府预算服务公众的理念，着重于预算支出的责任性和效率性，并要求在预算的编制、执行和监督的各个阶段都更加注重预算资金的产出和成效。这一管理模式要求政府部门不断提升服务的层次和质量，以最小的资金投入实现最大的工作成效，为公众提供更丰富、更优质的公共产品和服务，从而使政府的运作更加务实和高效。2012 年 9 月，财政部发布了《预算绩效管理工作规划（2012—2015 年）》，旨在构建一个涵盖预算编制目标、预算执行监控、预算完成评价、评价结果反馈以及反馈结果应用的全面预算绩效管理机制，并完善相关的管理制度和绩效评价体系，扩大绩效评价试点范围，扩大第三方评价范围，推进县级财政支出、部门支出管理绩效综合评价以及重大民生支出项目绩效评价和企业使用财政性资金绩效评价。

2020 年 2 月，财政部印发《项目支出绩效评价管理办法》，明确将绩效评价用于财政支出项目。从财政预算支出的角度来看，项目绩效评价通常是指财政部门、预算编制部门和执行单位依据既定的绩效目标，对项目的财务支出进行客观和公正的评估、分析与评判，涉及经济性、效率、效益和公平性等方面。项目绩效评价不同于绩效考核：它本质上是对项目支出成果的量化评估、深入分析和公正评价，侧重于成果的产出；绩效考核是指在明确的战略目标框架内，运用特定的评价标准和指标来衡量员工的工作表现和成就，并借助评价结果来引导和塑造员工未来的工作表现及成效的一系列流程和工具。绩效评估是将组织标准与员工工作成果进行比较以评估其工作成果的过程。评估要求组织制定总体目标和支持实现总体目标的评估指标体系。这些指标层层分解到岗位和个人，形成部门和个人的考核指标，通过考核实现组织的目标。考核是评价的前置阶段，没有考核，评价就无法进行；评价是考核的进阶阶段，没有评价的考核在一定程度上是没有意义的。因此，考核与评价是两个不同的阶段，但两者相互关联并产生作用。

（二）国外的绩效评价

1. 英国的绩效评价

英国是开展政府绩效评估实践最早也是成果影响力最重要的国家之一。在政府绩效评估的发展历程中，英国一直走在前列，不断引入新的评估模式以适应变化的需求。英国政府绩效评估的实践表明，它在每个发展阶段都会及时推出新的评价形式，以补充旧评价形式的不足，并解决行政发展中出现的新问题。自 1979 年以来，英国已经开发和设计了十几种形式的政府绩效评估，称为"雷纳评估"。全面绩效评价是英国审计委员会于 2001 年开发的，用于评价英国地方政府工作绩效和持续改进能力的主要工具。2009 年 2 月，英国公布全面地区评价体系，并于 2009年 4 月 1 日起正式施行。英国的评估体系虽然多样，但每种评估都有其特定的焦点和执行准则，且均由中央政府推动。这一独特的发展历程，加之相关的评估机构和监督机制，共同塑造了英国中央政府所开发、规划和执行的政府绩效评估框架。该框架的显著特点包括：中央政府对地方政府绩效评估的严密监督；政府绩效评估由独立于政府的机构组织实施，其中包括审计署和审计委员会等。这些机构依法对英国中央政府及公共部门进行审计，并向议会提交审计结果，以帮助议会对政府使用公共资金情况进行问责，提高政府及公共部门工作的质量和效率。

2. 美国的绩效评价

美国也是较早开展绩效评价的国家之一。1883年和1887年对美国来说是重要的年份,美国在1883年成立了联邦考绩委员会,之后联邦政府正式开始实施绩效评估制度。美国1906年成立纽约市政研究院,次年对纽约市政府进行绩效评估。1920年,美国总统下令实施绩效评价并将其纳入公务员管理体系。1905年,美国正式颁布了"考绩法",运用社会调查、市政统计和成本核算等方法评估政府活动成本、产出等。20世纪60年代,美国在国防系统采取项目预算制,这种预算制度根据国防经费的投入与产出来编制国防预算,一年可节省几十亿美元。美国于1965年决定在政府其他部门也推行项目预算制度。与此同时,学术界也开始重视绩效评价,并做了大量关于如何开发和使用绩效评价的研究,强调发挥绩效评价对工作的导向作用,使绩效评价融入管理过程。

1993年,美国国会通过《政府绩效与结果法案》,提出了"做得更好、花费更少"的口号。联邦机构制定了五年规划,并每年向总统和国会汇报。其后历届政府也着力推动绩效评价,并更多地把重点放在项目绩效评价上。

3. 日本的绩效评价

日本对公务员的评估也被称为"勤务评估"。日本的评估和评价主要基于《勤务评定细则》《工作评定的根本标准》和《工作评定手续与记录的政令》等一系列规定,分为定期评价和专项评价两类。《日本公务员法》要求,所有员工的任命应基于该法和人事局的规定,并应基于他们的考试成绩、服务表现和其他实际能力证明。日本公务员的绩效评估由监督机构负责人或机构内指定的上级工作人员进行。这是一种分级授权和责任的系统机制,上级对下级进行评估。考核项目包括工作绩效、工作能力、个性、适应能力等,评定结果则作为升降职与工资增减的依据。日本公务员的考核制度具有几个显著的特点:首先,该制度非常规范和可行,是建立在法律规范基础之上的一个体系。其次,考核的结果会与公务员的实际工作紧密相连,并据此对公务员的职位和薪酬进行相应的奖励或惩罚。最后,考核过程具有一定的封闭性,通常在小范围内秘密进行,并不对外公开考核结果。这种考核制度的实施,旨在确保公务员的工作表现与既定的绩效目标相符合,并以此来激励和指导公务员的工作行为,提高工作效率和质量。同时,通过考核结果的反馈,可以对公务员的职位晋升、薪酬调整以及培训需求等方面做出更加合理的决策。这种以结果为导向的考核方式,有助于推动公务员不断改进工作方法,提升服务水平,从而更好地服务于公共利益。

以上这些国家的绩效评价呈现以下特点:第一,逐步完善绩效考核体系。英国从 20 世纪 70 年代开始建立公务员绩效评估体系,此后由公务员事务委员会来逐步完善具体绩效评价办法。第二,注重工作过程,将日常工作与终期考核相结合。英国、美国等国家在考核时会将公务员平时的工作情况进行记录。第三,注重量与质的结合、兼顾。英国、美国和日本对公务员绩效评价采用因素分析法,体现量与质的统一。第四,注重评价的客观公正性。加强对组织绩效评价人员的培训,尽量避免主观因素影响评定结果,并且会听取被考核者的意见,被考核者如有意见可以申诉。

三、职业教育产教融合绩效评价的基本内容

(一)绩效评价目的和要素

绩效评价可衡量相关人员的能力。衡量各岗位人员的能力是更合理配置人力资源、促进其合理提升的基础,也是实施激励措施的重要组成部分。绩效评价的公平性是影响下一周期激励措施有效性的重要因素。绩效评价提供的信息有助于组织或单位确定应做出哪些职务或薪酬变化的决定。开展绩效评价的目的包括:为员工的晋升、降级、调动或辞退提供依据;为员工的薪资决策提供依据;组织员工绩效评估反馈;评估员工和团队对组织的贡献;评估招聘选拔和工作分配决策;了解员工和团队的培训和教育需求;评估培训和员工职业规划的有效性;为工作计划、预算评估和人力资源规划提供信息支持。

绩效评价的构成要素主要涵盖五个关键部分:指标体系、评价标准、权重分配、评分机制及数据收集方式。绩效评价是一项复杂的系统化工作,它涉及投入与产出的多方面考量。为了全面反映投入与产出的绩效,可以采用国际上广泛认可的逻辑框架方法(Logic Framework Approach,LFA)来构建绩效评价的指标体系。该体系通常分为三个层级:目标层、产出与结果层、投入与活动层。在确立指标体系时,应遵循全面性与科学性、定量与定性分析、可操作性与可行性、灵活性与目标导向性等原则,同时结合专家的知识和智慧来确定各项指标。指标体系通常包含定量指标和定性指标。定量指标可以通过设定具体的参数值来直接量化,而定性指标则可以通过设定不同等级的评价标准来进行量化处理。各个指标的权重体现了它们在评价过程中的相对重要性。在确定了指标体系和评价标准之后,综合评分的结果很大程度上取决于指标的权重分配。因此,合理确定指标权重对于评价结果的准确性和可信度至关重要。确定指标权重的方法通常包括德尔菲法和层次

分析法。评价标准一般侧重于关键绩效指标(Key Performance Indicators,KPIs),以评估绩效实现过程中的结果目标和行为目标。

（二）绩效评价指标体系

1. 构建思路

绩效评价指标体系是以绩效评估为目的,把客观上与绩效目标有联系的若干经济社会指标科学地分类和组合形成的统计指标体系。利用绩效评价指标体系,通过一定的算法,可以将多个评价指标综合为一个评价值,用于客观评价绩效。

2. 一般形式

指标体系按表现形式分为单层指标体系、树形多层指标体系、非树形多层指标体系三种。绩效评价指标体系一般采用树形多层指标体系。一个树形多层指标体系至少包括两个不同的指标层级,同一层级中的各个指标相互独立,整个体系呈现出清晰的树状结构。该指标体系所包含的层级数量通常取决于绩效评价的复杂程度。树形多层指标体系中,指标层数为三层的居多,从下至上分别为具体的测量指标、评估的维度和总体目标层。最基础的层次通常包含整个框架中的第三层级的具体衡量标准,如结构性指标、增长速度指标等具体条目。中间层级是评价维度,按照系统的分类构成第二层级的指标体系,这一层次主要评估策略目标和总体表现,是目标分解的关键维度。最顶层则是目标层级的指标体系,构成整个框架的顶层,反映了整个架构的战略意图和理念,代表了期望实现的成果和效果。

3. 绩效评价指标体系类型

绩效评价指标体系的结构和内容会因其评价的目标和特性的不同而有所差异。

（1）按照评价的对象和范围,绩效评价可以被划分为组织绩效评价和个人绩效评价两大类。

组织绩效评价会根据组织的工作性质进行细分。例如,生产型组织的绩效评价往往侧重于产量和产品质量等具体成果指标,同时也考虑工作流程、团队文化等。管理和服务型组织由于不直接产出实体产品,其评价更多侧重于整体素质、工作效率、出勤情况、工作态度和团队氛围等方面。技术型组织的绩效评价则需要综合考虑工作过程和成果,因为它们可能既有物质成果也包含非物质成果。

个人绩效评价则因评价对象的具体职责和岗位性质的不同而有所差异。通常,企业会根据职位的分类和级别来制定相应的绩效评价指标体系。至于是否需要为企业内每个子类别和级别的职位制定详细的绩效评价体系,则需根据企业的规模、评估对象的数量和评价的具体目的来决定。对于大多数企业而言,主要依据被评价者的工作性质来确定评价指标,即基于职位的横向分类来设定。

(2)依据指标的属性和架构,绩效评价指标体系可以划分为质量特质型、行为导向型和结果导向型。

质量特质型绩效评价指标体系主要由展示和体现被评价者质量特征的指标构成。这类评价指标通常包括:个性特质、兴趣偏好、行为表现(如仪表、举止、气质等)、记忆力、语言表达能力、思维判断力、理解想象力、逻辑推理能力、综合分析能力、计算能力、自学能力、注意力分配、听写技能(包括速记、书法等)、组织管理能力、研究能力、创新思维和创造力、专业知识、操作技能(含工作经验、业务熟练度)、适应力(包括反应速度、敏感性和灵活性)、进取心(如职业目标、责任感、成就感、使命感、竞争意识)、人际关系(如合作精神、沟通协调能力)及思想政治素质(如思想境界、价值观念、人生态度、世界观)等。这些指标能够全面而准确地衡量员工的个性特质和心理潜力,从而揭示他们的本质和心理潜力。这类指标体系在企业的招聘面试、人才选拔、晋升评估和绩效评价等人力资源管理活动中得到了广泛应用。

行为导向型绩效评价指标体系由反映员工工作行为表现的各类行为指标组成。这些行为指标能够具体展示员工在特定方面的表现,以及他们履行工作职责的具体方式和手段。结果导向型绩效评价指标体系则是对组织或个人工作产出的实际结果进行评估和衡量。这类指标与反映个人内在素质特征的指标不同,它们是劳动成果的具体体现,是工作量的直接反映,如产品生产量、商品销售量、劳动定额完成情况等。基于实际产出的绩效评价指标体系能够清晰地展示组织或个人在评价周期内完成的任务类型、取得的具体成果或绩效,以及其贡献度。

(三)绩效评价方法

1. 结果导向型绩效评价方法

结果导向型绩效评价方法包括业绩评定表法、目标管理法、关键绩效指标法、平衡计分卡法等。结果导向型绩效评价方法主要基于工作绩效,侧重于评估对象是否能够完成任务。

(1)业绩评定表法。业绩评定表法是对被评价者是否完成业绩目标进行评估的一种方法,对专业技术人员的绩效评价常采用此方法。比较典型的做法是将考核内容分为"项目完成情况"和"平时工作表现"两部分,对评估项目逐一对照标准表中的因素进行比较和打分,最终汇总得出工作绩效的总评分。评价结果一般会划分为多个等级,例如优秀、良好、中等等。

为避免绩效评价中的主观性问题,提高评价的可量化程度,很多评价主体利用量化评价手段,从"工作数量""工作质量"两个维度制定量化指标。量化指标具有可操作性强的优点,但在使用时应同时兼顾评估的方向性,如果指标没有办法量化,可用评估性、统计性指标替代,最终保证评价体系引导被评价者的努力方向与整体绩效目标一致。

(2)目标管理法。目标管理法强调以达到既定目标为绩效评价重点,此方法较适用于知识型员工的管理。对于文化素质高、工作探索性强的评价对象,采用量化评价具有一定难度,采用以目标管理为导向制定的绩效评价体系是比较理想的。可以运用目标管理的原则和方法,将整体目标层层分解,最终落实到具体岗位或员工,调动员工积极性,促进提升工作效率。员工相对自由,可以合理安排工作计划和应用工作的方法。

(3)关键绩效指标法(Key Performance Indicator,KPI)。关键绩效指标是用于评估和管理被评估个人绩效的可量化或行为标准体系,它把员工的绩效与几个关键指标进行比较。关键指标的制定以部门职责、职能为基础,需符合 SMART 原则,即具体性(Specific)、可衡量性(Measurable)、可实现性(Attainable)、相关性(Relevant)、时限性(Time-bound),从"时间""数量""质量""成本""满意度"等维度确定 KPI。

此绩效评价方法比较明确具体,能够激发员工的能动性和工作热情,并且绩效评价一般按月打分、按季度考核,既能满足大型项目签单周期长的特点,又对销售进度实施了有效监控。这种评价方法将个人目标、部门目标及更大范围的战略目标有机联系起来,指标系统既有必须考核的项目,又有上级考核人灵活增加的项目,具有灵活多变、简单明了、便于控制的优点。

(4)平衡计分卡法(BSC)。平衡计分卡法是将企业整体的战略目标作为核心目标,将企业的目标和愿景、使命和战略转变为可衡量的目标和方法,可以反映企业综合经营情况,有利于调动员工积极性,推动企业可持续发展。平衡计分卡法一般包括客户、财务、内部业务流程、学习与成长四个方面的维度。例如美国一家公司基于对公司战略的清晰理解,选择了 6 名分行经理,在平衡计分卡中提出了 15～20 项评估指标。他们被要求清楚地了解,短期评价指标与长期战略目标是一致的,评价指标是客观和可量化的。

2. 行为导向型绩效评价方法

行为导向型绩效评价方法以工作中的行为为主要的评估依据,绩效评价的焦点集中在行为上。行为导向的绩效评价方法主要包括关键事件法、行为锚定等级评价法、行为观察比较法与360度绩效评估法等。

(1)关键事件法。关键事件法是在大量收集与工作相关表现的基础上,详细记录工作中最好或最差的关键事件,对比具体岗位特征和要求,再进行分析并做出绩效评价的方法。关键事件法一般是通过半年或一年的累积记录,由主管与被评价者讨论相关事件,为评价提供依据。这种方法的优点是,它具有高度的针对性,在评估优缺点方面都很有效。其劣势在于实施过程耗时,且在理解和分析关键事件时可能会产生一些误差。

(2)行为锚定等级评价法。行为锚定等级评价法也称行为定位评分法。这种方法侧重具体可衡量的工作行为,每一个绩效指标下分为七个或九个等级,每个等级对应某一典型的工作行为,并通过客观的描述加以界定。评价时将比较和评估工作场所中的行为和指标,其主要目的是澄清可观察和可测量的工作行为。这种方法的优点是评估较精确;评估指标有较强独立性,不会影响对其他无关绩效的判断;连贯性和可信度均较高。它的缺点是设计成本较高、难度较大、评价过程较复杂;评价对象一般是从事具体工作的员工,对其他工作适用性较差。

(3)行为观察比较法。行为观察比较法也称行为观察量表法。此方法详细列出了各种评价指标下的有效行为,并统计员工展现这些行为的频次,最终将所有行为的频次累加得到被评估者的总分。该方法的优势在于提供了一套相对明确的行为标准,有助于员工理解和运用评估工具,同时也便于为特定岗位制定指导性规范。然而,这种方法的不足之处在于观察到的工作行为可能包含一定程度的主观性。因此,企业在采用"成果指标"的同时,也应结合"行为指标",以便全面评估被考核对象的绩效表现。

(4)360度绩效评估法。360度绩效评估法又称全方位评估法,它是一种从多个角度(包括上级、下属、同事、自己、客户等)获取成员行为观察资料的方法。360度反馈与一般反馈的根本差异在于它采纳了多元化的信息来源,这样的做法确保了反馈的精准度、全面性和客观性。作为人力资源开发和管理的重要方法,360度绩效评估可以使成员的工作行为与组织需求和总体战略目标保持一致,促进成员形成组织的预期工作行为;同时,这种评估方法以参与、授权、团队协作和提高效率为目的,要求成员积极参与管理过程,加强管理者与员工的沟通,提高相互信任水平,从而迅速对内外部客户需求做出反应,增强企业竞争力。

3. 特质型绩效评价方法

特质型绩效评价方法是一种基于心理学知识的绩效评价方法。以图形评估量表为例，它列出了实现目标绩效所需的不同特征，如适应性、合作性和工作动机等。每个特征的最高得分为 5~7 分，评估结果一般为"一般""中等""标准"等。这种方法的优点是适用范围广、成本低，可以应用于企业内的所有或大多数职位和员工。它的缺点包括：它针对的是短期内难以改变的人的特征，这使得它难以有效地指导行为；不能有效地区分实际工作绩效，让员工易产生不公正感。

（四）绩效评价的步骤与流程

1. 绩效评价步骤

以企业绩效评价为例，其运行程序通常包括八个步骤：明确企业战略目标、确定部门关键绩效指标、确定员工关键绩效指标、制订绩效计划、进行绩效辅导、进行绩效评价、进行绩效反馈、评价结果的使用。

2. 绩效评价流程

以企业绩效评价为例，其流程说明如下：人力资源部门负责拟定评估执行方案，开发评估工具，撰写评估方案，并为不同层级的评估人员提供培训，同时制定处理评估结果的策略，供评估委员会做出决策。各级管理层负责指导员工编制绩效报告并开展自我反思。在此过程中，员工需审视自己的工作成效与行为举止（涵盖工作态度及能力），侧重于根据责任与目标进行自我评判。部门主管则依据员工达成的工作指标、管理日志、出勤记录、数据分析以及个人绩效总结等资料，实施公正且全面的绩效评估，以此深入了解员工在各个维度的表现情况。他们还向被评估人指出他们的期望或工作建议，并将其提交给部门主管审查。主管负责对下属进行绩效评估。员工若对自我评估的结果持有异议，他们有权利向直接上级或评估委员会提出报告或进行申诉。人力资源部门负责搜集并整合所有的评估结果，编制评估结果的清单，并将其提交给企业评估委员会进行审查。评估委员会将汇集各部门的汇报，审慎讨论并综合考量核心评估成果，校正评估流程中的潜在偏差，最终确定评估结论。随后，人力资源部门将汇总这些结论，分类建立员工绩效评估档案。部门主管将与员工面对面沟通最终评估结果，就工作表现达成共识，表彰其优势，同时明确待改进之处。双方将携手制定具体的绩效提升与个人成长规划，旨在增强个人及组织绩效。此外，人力资源部门还将对本轮评估的有效性进行评估与分析，为未来评估提供改进建议与规划，并据此拟定新的人力资源战略。

第三节　高等职业教育产教融合绩效评价的发展现状

一、以政府为主导的引导机制

　　政府主导的引导机制是指政府在促进、引导、协调、规划、支持和协调产教融合方面发挥的作用。职业教育作为一项涉及公众福祉的事业，关系到社会大众的利益。构建产教融合的绩效评价体系需要政府的引导和主导。特别是在中国当前的行政管理体系和尚未成熟的市场机制背景下，政府的角色和影响力尤为显著。政府应重视对高等职业教育的推广和引导，通过舆论和媒体不断提高高等职业教育地位和作用。政府需要营造一个有利于教育和商业领域在产教融合方面发展、协作和实现共赢的环境，转变传统观念，即职业教育仅是教育系统的责任，而企业仅负责对在职员工进行继续教育和职业培训。政府应当将职业教育与社会经济的发展紧密联系起来，将职业教育体系与产业体系、职业学校与企业视作一个有机整体，超越仅以职业学校为核心的产教融合的局限观念，使教育界和企业界对职业教育产教融合的认识取得共识，达到应有的高度；政府应在宏观层面提供策略规划和设计，为产教融合提供政策支持和保障措施。例如，通过构建国家职业资格认证体系和推动人力资源开发，政府能够利用其宏观管理和监管的职能来促进产教融合的积极发展。

二、产教融合的法律法规保障机制

　　产教融合发展的法律保障机制是指加强国家层面的立法，以法律法规的形式确保产教融合在职业教育中的实施，保障国家对产教融合的监督管理。促进产教融合的正常发展，需要有一套与之相适应、相对完整、操作性强的职业教育法律法规，为产教融合提供法律保障。要建立职业教育产业与教育一体化的监管框架，就必须将政府、职业院校、企业和个人学习者的利益结合起来，重点关注职业院校和企业两个主体。该框架由法律、法规和规章组成，前者在国家层面立法，以法律形式明确教育与产业部门、职业院校和企业之间的关系，并明确产教融合的概念、组织结构和运行机制，规范企业在职业教育中的责任和权力，建立相应的奖惩机制，为产教融合的长期深入发展提供有利的法律环境。后者由国务院及其下属部门以及全国各省(自治区、直辖市)根据本部门、行业和地区的实际情况制定,以完善职业教育法律法规中关于职业教育一体化的有关规定,并制定与之匹配的具体、详细、操作性强的职业教育产教一体化实施条例和办法。产教融合涉及的所有对象和领域都从法律、法规、决策、方法、意见等方面进行了规范。

在国家层面,中国已经通过立法确立了企业在职业教育中的重要地位,并明确了企业在产教融合中的责任和激励措施。新修订的《中华人民共和国职业教育法》自 2022 年 5 月 1 日起实施,明确规定了企业在职业教育中的角色、责任和激励政策。这些条件可以由行业协会委员会制定。法律明确规定,参与产教融合的企业必须提供一定数量的能够覆盖企业整个生产过程的实习岗位,并要求这些实习岗位具有一定的技能含量。核心技能岗位应占一定比例,实习岗位应与导师相匹配。同时,要求企业优先录取高职院校毕业的学生,积极参与高职院校的教学工作,接收教师到企业实习。

在产教融合中,政府可以通过法律法规对参与产教融合的企业给予一定的鼓励和优惠待遇。通过制定资金、财政、金融和税收政策,政府可以确保参与产教融合的各方的收入得到法律法规的保障。例如,企业可以根据他们接收的学生人数和消耗的材料成本享受一定的减税和免税,以吸引他们参与人才发展。明确学生实习期间的劳动安全保护范围,提供工作环境、工作条件等,明确预防和处理意外伤害的组织管理和方法,建立应急机制等。对于不遵守《中华人民共和国职业教育法》的企业,应制定必要的惩罚条款,确定惩罚的主体、客体和方法,进一步明确企业的责任和义务,增强其在职业教育中的责任感和社会责任感。

三、产教融合的宏观决策体系

在协调决策过程中,要尽可能地保障利益相关者的利益,并充分考虑他们的意见。职业教育产教融合涉及多方利益相关者,产教融合作为一种教育模式,其核心在于实现教育与产业的深度结合,以促进人才培养与产业需求的有效对接。在实施过程中,确保各方利益的合理分配是关键,这涉及政府、教育机构、企业和学生等多方的利益协调。为协调各方利益,实现利益平衡,有必要建立职业教育产教融合决策体系。

为建立有效的决策体系,根据现代管理决策理论,各级政府应确保利益相关者参与产教融合的决策过程,以便充分协商产教融合相关各方的意见。在产教融合的决策体系中,涉及的不仅是直接的教育和产业参与者,还包括一系列的管理实体和协作实体,它们共同构成了一个复杂的决策网络。这个网络中的每一个实体都带着自己的利益和目标参与决策过程中,通过协商和合作来形成最终的决策。

管理实体的角色主要包括教育部门、行业部门、财政部门等,其在产教融合中扮演着关键角色。它们通过制定政策、提供资金支持、规范行业标准等方式,影响着产教融合的方向和效果。这些部门需要在决策体系中明确各自的职责和权力,以确保决策的科学性和有效性。社会组织、行业协会、研究机构、信息机构等协作实体则在产教融合中起到了桥梁和纽带的作用。它们通过提供行业信息、研究支持、咨询服务等,帮助各方更好地理解产业需求和教育趋势,促进决策的形成和执行。为了确保产教融合决策过程中的充分协商,需要在制度层面科学规范各利益相关者的权力关系和决策参与者的权威。这包括明确各参与方在决策过程中的角色和责任,以及他们在决策体系中的影响力。在制定科学决策时,可能涉及重新划分教育部门、行业管理部门以及家庭和社会部门在职业教育整合中的管理职责。例如,将职业教育的管理职责归口到教育部门,将职业培训的评估和证书发放职责归口到国家人力资源部门,同时将职业培训体系的管理职责分配给行业管理部门。执行决策是确保产教融合政策得以落实的核心步骤。高职院校、企业、中介机构或第三方机构的执行能力直接关系到决策的成效。在执行过程中,必须持续对决策进行评估、调整和优化,以确保政策能够适应不断变化的环境和需求。通过这样的决策体系和执行机制,产教融合能够更有效地实现教育与产业的紧密结合,促进人才培养与产业需求的精准对接,最终实现教育和产业的协同发展。

四、多方位的组织保障机制

职业教育产教融合需要精心设计、规划和实施,需要强有力的组织结构与支持,它与教育部门、工业部门和企业等各个方面息息相关。在管理体系上,我们将采取国家层面的统一管理与地方层面的自治管理相结合的模式,强化跨部门的协调机制,并在职业教育的发展中为不同的政府部门明确各自的职责。各职能部门的工作应整合进职业教育的整体规划中,以实现部门间的有效分工与协作,进而完善职业教育产教融合的组织架构。产教融合的实体可以分为三类:管理实体、执行实体和协作实体。管理实体主要涉及与政府及职业教育一体化相关的各级行政机构,包括职业教育部门、人力资源社会保障部门、财政部门等;执行实体则包括企业和职业院校;协作实体则包括参与职业教育产教融合决策、监督和评估的组织或个人,如行业协会、学术团体、研究机构、信息机构等。在管理实体中,教育部门、行业部门、人力资源社会保障部门扮演着核心角色,而职业院校和企业则是执行实体中的双重角色。协作实体应与管理层和执行层紧密结合,共同推进职业教育的发展。

在当前形势下,我国各级政府在中央、省、市、县等行政管理层面,建立了以职业教育部门、人力资源社会保障部门、行业部门为主导,财政、税务等多个部门共同参与的职业教育产教融合指导委员会。这一委员会明确了各管理部门的职责,将产教融合作为职业教育发展的核心任务。委员会应设立常设机构和专职人员,负责产教融合的管理和研究工作,并建立定期的工作制度。依托职业教育产教融合指导委员会这一平台,制定国家级的职业教育产学融合战略,全面规划和设计职业教育产教融合体系。通过顶层设计,确保产教融合系统中的各个子系统协调运作,形成整体效应。从某种意义上来说,产教融合是学校、企业在各自不同利益基础上寻求共同发展、谋求共同利益的一种组织形式,行业协会是形成这种组织形式的重要纽带。因此,产教融合要真正发挥行业协会的协作主体作用,在实施层面,可由行业协会组织牵头成立学校和企业多方参与的产教融合指导委员会。行业协会作为中介组织,对本行业的发展、市场、技术、用工情况等最为熟悉,是沟通产业、企业和政府、学校的桥梁。政府要给予行业协会一定的参与教育教学管理和监督管理的职能,行业协会本身要积极参与到高职院校的人才培养中来,在职业教育中要指导、组织、监督、评价、考核,在产教融合的各个环节发挥应有的作用。

五、多渠道的资金筹措机制

职业教育的产教融合是一个全面的发展过程,它覆盖了从招生、教学到就业的各个环节,并且涉及校园基础设施、教师队伍建设、专业课程开发等关键领域的软硬件建设。在这个过程中,财政资金的投入是实现产教融合的基础和关键。为了推动职业教育与产业的深度融合,需要构建一个多元化的资助体系,这个体系应当以政府为主导,同时吸引和鼓励社会各界参与。具体来说,这个资助体系的构建可以从以下几个方面着手:第一,建立稳定的公共财政投资机制。政府应当确保对职业教育的财政投入是稳定且逐年增长的。这包括明确各级政府在职业教育投资中的责任和比例,将职业教育经费纳入政府的财政预算,并根据职业教育的发展需要,适时调整投资比例,确保财政资金、人均资金和人均公共资金的增长与职业教育的发展相匹配。第二,激发社会力量参与职业教育。政府应当通过政策引导,改变单一的政府投入模式,鼓励和吸引更多的社会资本投入职业教育。这可以通过制定优惠政策、提供税收减免、创造良好的投资环境等措施来实现,以促进民间资本对职业教育的投入。第三,设立产教融合专项基金。在国家层面,可以设立专门的职业教育产教融合专项基金,以吸引和整合来自不同渠道的社会资金,支持职业教育的发展。这包括鼓励公众和企业通过捐赠、设立基金等方式参与职业教育的资助,同时利用彩票公益金、社会捐助等多元化的资金来源为职业教育提供支持。这样的多元化资助机制可以为职业教育的产教融合提供更加稳定和多元的资金支持,从而推动职业教育与产业需求的紧密结合,培养出更多符合市场需求的高技能人才。

六、职业教育与行业对话协作机制

职业教育与经济社会的紧密联系、直接贡献及服务贴近性,根植于其本质属性。随着中国经济体制改革的深化,产业部门的管理职能逐渐向行业协会转移。作为行业与企业的代表,行业协会不仅在自律、维权、规划及协调等方面扮演着关键角色,还深刻洞察行业企业需求与发展趋势,独立于政府与市场,真实反映行业企业的现状与利益。作为产教融合的桥梁,行业协会弥补了政府与市场在此领域的不足,对资源配置于行业企业与高职院校间起到重要作用。因此,从国家制度与法律框架出发,明确行业协会在职业教育中的协作地位与职能,赋予其相应的权力与智慧指导,保障其在法律框架下参与职业教育,有效影响产教融合的规划与决策,具体执行职业教育管理任务,是充分发挥行业协会职业教育作用的关键。通过在行业协会内部设立专门的职业教育管理机构和行业指导委员会,来强化行业协会与职业教育部门及高职院校之间的沟通与合作。包括通过定期的对话和协商,行业协会、职业教育部门和高职院校可以共同讨论行业需求、教育目标和人才培养策略,确保教育内容与行业发展趋势保持一致。利用网络技术建立产教融合的在线信息交流平台,实现资源共享和信息互通。这个平台可以发布行业的最新动态、技能人才需求、教育培训资源等信息,为高职院校提供实时的行业数据和趋势分析,为高职院校的专业设置和课程开发提供指导。通过在线办公系统,提高工作效率,确保产教融合相关工作的顺利进行。这包括在线会议、协作文档编辑、项目跟踪管理等。定期举行会议,讨论产教融合的进展情况,解决实施过程中遇到的问题,确保产教融合工作的连续性和有效性。通过与行业协会的紧密合作,高职院校可以及时调整专业设置,使课程内容与行业标准和企业岗位需求相匹配,实现教学内容与生产实践的紧密结合。通过产教融合,使教学过程更加贴近实际生产过程,提高学生的实践能力和就业竞争力,实现教育与产业的深度融合。

七、产教融合的利益平衡机制

从经济学上讲,任何合作的内在动力都来自共同利益。没有利益驱动,合作不可能深入持久。产教融合各方的参与是一场博弈,因此,当产教融合受到限制时,首先,有必要找到利益的双赢组合;其次,建立一个在自愿基础上不断扩大合作利益的动态机制。当前我国高等职业教育产教融合存在"一冷一热"的现象,从根本上说是由于愿意为产教融合作出贡献的企业缺乏有效的利益驱动。由于中国正处于产业升级和经济结构转型的重要阶段,企业需要不断拓展生存和发展空间。对于利益不明确或无利可图的合作,企业的参与不可避免地非常有限。同时,培养高端技能人才的成本相对较高,市场经济条件下,人才流动性也较高。投资职业教育可能不会直接使企业受益。因此,为了在产教融合中实现平等互利共赢,双方必须有共同的利益基础和发展目标,并在此基础上进行良性互动。从资源优势来看,学校在人才、知识、信息、技术成果等方面具有优势。企业的优势很容易发挥,但学校的优势很难体现出来。究其原因,学校普遍缺乏与企业深度合作的能力,不能给企业带来明显的经济效益,对企业帮助不大。由于学校缺乏合作能力,现有的产教融合模式大多只能局限于学校向企业提供廉价劳动力的方式。从这个意义上讲,高职院校必须以提高教育质量为核心,不断增强产教融合能力,建立一支能够为企业提供技术研究、员工培训、科技成果转化服务的教师研究团队,培养能够适应企业生产和服务一线要求的高端技能人才,构建服务于产教融合共同发展的信息技术等各类共享平台。只有学校满足上述合作条件,企业才会积极参与合作,建立产教融合多方利益平衡机制。产教融合的关系也可以更加牢固和长期。

第三章

关键因素:高等职业教育产教融合
绩效评价的企业参与

第一节 企业参与产教融合绩效评价产生的影响

在当今这个知识经济迅猛发展的时代背景下,产教融合作为一种前瞻性的教育理念与实践模式,已经逐步跃升为驱动职业教育体系深刻变革与产业持续繁荣的关键性、战略性举措。这一趋势不仅反映了社会各界对于职业教育与产业无缝对接的迫切需求,也彰显了在新时代背景下,通过跨界合作实现资源优化配置、促进经济社会高质量发展的智慧与决心。本节将深入而全面地剖析企业在深度参与产教融合绩效评估过程中所释放出的广泛而深远的多维度影响效应,这些影响效应在高职教育质量的本质提升上表现得尤为突出。通过企业的直接参与,高职教育的教学内容与教学方法得以更加贴近市场需求,实现了理论与实践的深度融合,从而培养出了更多具备实战能力的高素质人才。

此外,产教融合还深入推动了人才培养模式的创新转型。传统的以学校为中心的人才培养模式逐渐向校企合作、工学结合的新模式转变,学生在真实的工作环境中学习成长,不仅增强了他们的职业素养和实践能力,也为他们未来的职业发展奠定了坚实的基础。更为深远的是,产教融合还促进了技术创新成果的有效转化与应用。企业在参与教育过程的同时,也将自身的技术优势和创新需求带入校园,与学校的科研力量相结合,共同攻克技术难题,推动科技成果的产业化进程。这种合作模式不仅加速了新技术的研发与应用,也为产业升级和经济发展注入了新的活力。

产教融合在驱动教育体系革新与产业持续进步方面发挥着不可替代的作用,

它以其独特的优势,深刻影响着教育质量、人才培养模式以及技术创新成果的转化与应用等多个维度,共同绘制出一幅教育链、人才链与产业链深度融合、相互促进、共同发展的美好图景。这一图景不仅为当前的教育改革与产业发展提供了强有力的支撑,也为未来的经济社会发展奠定了坚实的基础。可见,企业参与高职产教融合绩效评价产生的影响是巨大的。

一、提升高职教育的整体质量与实践课程的针对性

企业作为市场的直接参与者,对行业动态、发展趋势以及人才需求有着深刻的理解和敏锐的洞察力。它们如同一双双精准的眼睛,时刻注视着市场的风云变幻。通过将企业的独特视角和实际需求深度融入教育体系,高职教育能够更加精准地捕捉市场的脉动,及时洞悉并把握人才需求的最新趋势。在此基础上,教育内容与教学方法得以迅速调整和优化,确保教育质量与时代发展保持同步,为社会输送更多符合市场需求的高素质技能型人才。

首先,企业参与绩效评价能够为高职院校提供宝贵的市场信息和行业标准。这一过程不仅涉及对最新技术发展动态的把握,还涵盖了对行业规范的深入理解以及对未来职业岗位所需技能要求的预测。这些多维度的信息汇聚成一股强大的推动力,促使高职院校能够与时俱进,及时调整和优化其专业和课程体系。具体来说,企业提供的市场信息如同指南针,指引高职院校在浩瀚的知识海洋中航行,确保教学内容始终与市场需求保持同步。这不仅意味着教材内容的更新换代,更深层次地,它要求高职院校在教学方法和教学理念上进行革新。传统的教学模式可能已无法满足现代职场的需求,因此,引入项目式学习、翻转课堂等创新教学方法,以及强调批判性思维、创新能力培养的教学理念,变得尤为重要。此外,企业参与绩效评价还能促进校企合作的深化,为学生提供更多实践机会,如实习实训、联合项目等,让学生在校期间就能接触到真实的工作环境,提前适应职场文化,增强就业竞争力。这种"学以致用"的教育模式,不仅提升了学生的实际操作能力,也为企业输送了更多符合需求的高素质人才,实现了教育链与产业链的无缝对接。总之,企业参与绩效评价不仅是对高职教育办学的一种外部监督,更是推动教育改革、促进产教融合的重要力量。通过这一机制,高职院校能够更加敏锐地捕捉到市场脉搏,不断调整教育策略,确保教育内容与市场需求的高度契合,为社会培养出更多具备前瞻性和实战能力的优秀人才。

其次,在绩效评价的过程中,企业与高职院校的紧密合作,可以共同制定具体

的人才培养目标,明确学生毕业后应掌握的关键技能和素质。这些目标不仅包括专业技能,还涵盖了团队合作、问题解决、创新思维等软技能。通过这种合作,高职院校能够更有针对性地设计和实施教学计划,确保教育内容与企业需求相匹配。为了实现这些目标,高职院校可以采用多种教学方法和实践活动,如项目导向学习、工作坊、模拟实训等。这些活动不仅能够提高学生的实际操作能力,还能增强他们对职业环境的适应性。项目导向学习让学生在解决实际问题的过程中学习。工作坊则提供了一个互动的平台,让学生能够与同伴和教师共同探讨和实践。模拟实训则通过模拟真实的工作环境,让学生在安全的环境中尝试和犯错,从而积累宝贵的经验。这种以实践为核心的教学方法,能够让学生在模拟或真实的工作环境中学习和成长,这对于他们形成未来的就业竞争力和职业适应性至关重要。学生能够通过这些实践活动,提前适应职场文化,理解工作流程,以及掌握必要的职业技能。最终,这种教育模式不仅能够帮助学生顺利从学校过渡到职场,同时也为企业培养出一批既懂理论又能实践的高素质人才。

最后,企业参与绩效评价还有助于建立校企之间的长期合作关系。这种合作模式不仅为学生提供了宝贵的实习和就业机会,而且在教育资源的共享与优化配置方面发挥着重要作用。企业可以通过提供专家讲座、投入资源和技术支持等方式,与高职院校共同提升教育质量,增强学生的就业竞争力。通过这种合作关系,学生在学习过程中能够直接接触到企业的文化、价值观和运作模式,这对于他们未来的职业发展至关重要。

二、强化企业参与职业教育主体意识的发挥

2022 年 5 月 1 日起实施的《中华人民共和国职业教育法》明确规定:"发挥企业的重要办学主体作用,推动企业深度参与职业教育,鼓励企业举办高质量职业教育。"这一规定首次将企业作为职业教育的重要办学主体的地位、行为和作用提升至法律层面和国家战略的高度。这不仅为企业深度参与职业教育小学注入了新的动力和活力,而且有助于深化产教融合和校企合作,推动政府、学校和企业等多方主体协同合作,共同促进现代职业教育的高质量发展。进一步而言,企业的角色不应仅限于参与产教融合,更应成为产教融合绩效评价的关键参与者。这意味着企业不仅要在职业教育的实施中发挥作用,还要在评估和提升职业教育质量的过程中扮演重要角色。通过这种方式,企业能够直接参与到职业教育成果的评估中,确保职业教育更加贴近实际工作需求,培养学生的实际工作能力和创新精神,从而为

企业和社会培养出更多高素质的技术技能人才。

提升企业在产教融合绩效评价中的参与度,是实现从"松散结合"向"深度融合"转变的关键一步。这种产教关系不仅体现了企业作为职业教育核心办学主体的制度逻辑,而且标志着一个历史性的演变过程,即从初步的合作到深度的融合。职业教育的产教关系是职业教育与社会生产实践相互作用、与产业体系紧密结合而形成的一种社会关系,也是《中华人民共和国职业教育法》修订中需要重点调整和规范的法律关系。

《中华人民共和国职业教育法》明确强调了产教融合和校企合作的重要性,要求职业学校在实施职业教育时,必须注重产教融合,实行校企合作。这是产教融合首次以法律规范的形式得到明确。这种融合不仅是概念上的更新,更是对产教双方"你中有我,我中有你"命运共同体状态的追求,它要求产教系统之间实现全要素、全流程的相互渗透和紧密共享,形成一种生态关系。在产教融合绩效评估中,企业的积极参与不仅丰富了产教关系的内涵,也提升了产教合作的层次,拓展了合作空间,并显著提升了产教融合发展的能级。企业作为产教融合绩效评价的主体,其参与不仅有助于确保教育内容与企业需求的精准对接,还能促进教育资源的有效利用和教育质量的持续提升,为职业教育的高质量发展提供坚实的支撑。

企业在产教融合绩效评价中的主体地位,不仅是破解高职教育办学机制障碍的创新尝试,更是推动职业教育体制核心变革的关键。办学体制,作为职业教育体制的核心,涵盖了职业教育办学主体在设立机构、开展活动时的责权利关系及运行机制。当前,办学体制机制的障碍限制了企业作为办学主体的潜力,成为制约高职教育高质量发展的主要因素。

职业教育办学体制的改革,关键在于协调政府、企业、学校三者之间的关系,解决"谁来办、如何办"职业教育的根本问题。确立企业作为职业教育举办者和办学者的合法身份和地位,充分发挥其在职业教育中的主体作用,是深化办学体制改革的核心。这一改革的价值在于,它能够改变目前以政府为主导、学校为单一办学主体的格局,摒弃参照普通教育的办学模式,构建一个适应经济社会发展需求、多元化办学、产教深度融合、具有类型教育特色的现代职业教育体系,从而激发职业教育的内生动力和发展活力。

企业参与产教融合绩效评价,不仅解构和重构了办学主体的责权关系,还在政府、企业、学校之间形成了新的互动模式。这种模式为破除高职教育办学机制障碍提供了一种全新且具有高成功率的路径。通过这种模式,可以确保职业教育更加贴近市场需求,提高教育质量和效率,为学生提供更实际的职业技能培训和就业机会,最终实现职业教育与经济社会发展的同步提升。

企业在产教融合绩效评价中的参与,不仅能够增强其对区域建设发展的贡献,还能在合作中提升人才培养的质量和就业的层次,进而优化产业结构。这种参与有助于职业院校更好地服务于产业的转型升级和区域发展,推动职业教育体系与现代产业体系的紧密结合,为区域产业的核心竞争力和可持续发展提供坚实的支持。此外,企业参与产教融合绩效评价还能够促进教育资源的优化配置,通过校企合作项目,实现资源共享和优势互补,提高教育投入的效率和效果。这种合作模式不仅能够为区域经济发展注入新动力,还能够为企业提供稳定的人才供给,实现教育与产业的双赢。

三、促进产教融合服务现代化产业体系建设

首先,企业参与绩效评价能够深化产教融合,服务支撑现代化产业体系建设,有效测试专业课程与产业体系的匹配度,构建教育和产业统筹融合发展格局。这有助于同步规划产教融合与经济社会发展,统筹职业教育与区域发展布局,促进职业教育融入国家创新体系和现代化产业体系建设。

企业参与绩效评价对于确保教育内容与产业需求的紧密对接至关重要。在当今这个技术迅速发展、产业不断变革的时代,企业对人才的需求也在不断变化。通过绩效评价机制,企业能够及时向教育机构传达最新的人才需求信息,促使教育机构能够迅速做出反应,调整课程设置和教学内容,以培养更符合市场需求的专业人才。这种双向互动机制不仅能够缩短学校教育与企业需求之间的差距,还能提高教育的针对性和实效性。它确保了学生在毕业后能够迅速适应并融入工作环境,减少了毕业生在职场上的适应期,提高了他们的就业竞争力。此外,这种机制还能帮助教育机构更好地理解产业发展趋势,从而在课程设计和教学方法上做出前瞻性的调整。企业参与绩效评价还能促进教育资源的优化配置。通过绩效评价,企业可以更清晰地看到教育投资的回报,有助于他们更有效地分配资源,提高教育投资的效率。同时,这也为教育机构提供了宝贵的反馈,帮助他们识别和强化教育过程中的优势,以改进其不足之处。

其次,企业参与绩效评价有助于构建教育和产业统筹融合发展的格局。在这一过程中,企业的角色不再仅是人才需求的提出者,而是成为教育资源的重要提供者。通过校企合作,企业可以将实际的生产流程、技术标准和企业文化引入校园,这种实践性的教育模式使学生在学习过程中就能够接触到真实的工作环境,从而提高他们的实践能力和创新能力。这种合作模式不仅能够让学生在校园内获得宝

贵的实践经验,还能够让他们更早地适应未来的工作要求,增强其解决问题的能力。同时,企业通过参与教育过程,能够更直接地发现和培养具有潜力的创新人才,为企业的长远发展储备关键的人才资源。这种人才的早期介入和培养,有助于企业构建一个持续创新和适应市场变化的团队。此外,企业参与绩效评价还能够促进教育内容的更新和教学方法的创新。企业的实际经验和技术知识可以为教育内容提供最新的行业动态,帮助教育机构及时更新课程,保持教育内容的前沿性和实用性。这种互动不仅能够提高教育质量,还能够增强学生的就业竞争力,使他们毕业后能够更快地融入职场,满足企业的实际需求。

最后,企业参与绩效评价能够促进职业教育与区域发展的深度融合。这种参与不仅确保了教育内容与产业需求的紧密对接,而且实现了教育资源的优化配置,从而更好地支撑区域经济的发展。区域经济发展需要相应的人才作为支撑,企业通过绩效评价能够更精准地识别区域经济发展中的人才缺口,进而有针对性地培养相关领域的专业人才,为区域经济提供强有力的人才支持。通过绩效评价,企业可以及时向教育机构传达最新的人才需求,促使教育机构迅速响应,调整课程设置和教学内容,培养更符合市场需求的人才。这种双向互动机制不仅缩短了学校教育与企业需求之间的差距,还提高了教育的针对性和实效性,确保学生毕业后能够迅速适应并融入工作环境。

四、企业参与产教融合绩效评价对技术创新与转化的影响

企业参与高职产教融合绩效评价对技术创新与转化的影响是多方面的,这种参与不仅能够促进教育内容与产业需求的紧密对接,还能够构建教育和产业统筹融合发展的格局,提升职业教育的质量和效果,进而促进产业的发展和区域经济的繁荣。

企业参与高职产教融合绩效评价不仅是一种合作模式的创新,更是推动区域经济发展和技术进步的重要力量。这种评价机制的实施,使职业学校能够与企业、科研院所共同构建实验室、工程研究中心等创新平台,这些平台在促进地方中小微企业技术升级和产品研发方面发挥着至关重要的作用。这些创新平台能够为中小微企业提供技术支持和解决方案,帮助它们在激烈的市场竞争中保持竞争力,实现可持续发展。

通过与高职院校的紧密合作,企业能够获得最新的科研成果和技术支持,加速产品的创新和迭代,从而提升企业的市场竞争力。这种合作模式不仅能够促进企

业的技术进步，还能够推动科教融汇，即科技与教育的深度融合。这种融合不仅能够将科研成果转化为实际的生产力，还能够培养出一批具有创新精神和实践能力的技术技能人才。这些人才将成为企业技术创新的中坚力量，为企业的长远发展提供人才保障。

因此，企业参与高职产教融合绩效评价还有助于形成产学研用一体化的创新生态。在这个生态系统中，企业、学校、科研院所和政府等多方主体共同参与，相互协作，共同推动技术创新和人才培养。这种合作模式不仅能够提升区域创新能力，还能够促进区域经济的可持续发展。

第二节　企业参与产教融合绩效评价的定位类型与动机

一、企业参与职业教育产教融合绩效评价的定位类型

在产教融合过程中，企业属于核心参与主体。对企业而言，参与职业教育产教融合绩效评价的主要价值在于保障高素质技术技能人才的供给。首先，企业可以确保产教融合所培养的人才具备工作必备的素质和能力结构。一个高素质人才必须拥有一定的知识结构和能力结构。企业在参与产教融合的过程中，虽然能够深度参与职业院校的人才培养，特别是在实践教学环节提供支持，但企业并非专业的教育机构，职业教育的人才培养质量最终还是依赖于职业院校的教学设计和执行能力。从企业的角度来看，评估产教融合的效果和质量，关键在于校企合作培养的技术技能人才是否具备合理的能力素质结构，以及是否已经打下了坚实的专业能力基础，以胜任职业劳动者的角色。因此，在建立职业教育产教融合的质量评价体系时，必须将学生的能力素质结构作为评价的重要维度。其次，强化职业教育产教融合培养的人才的综合职业素养至关重要。在现代产业环境中，高素质的技术技能人才不仅要有坚实的专业理论基础和熟练的操作技能，还应具备处理复杂问题的能力、创新思维，以及出色的适应力、团队合作精神等。简而言之，现代产业追求的是具备高职业素养的复合型人才。企业参与产教融合的主要动机在于减少在技术技能人才招聘和培养上的成本，同时提升其市场竞争力。从企业利益的角度评估产教融合的成效，关键在于评估职业院校培养的人才是否具备满足现代企业技

术和服务岗位需求的综合职业素养,以及是否能够为企业带来持久的人力资本价值。因此,在参与职业教育产教融合绩效评价时,确保人才的综合职业素质培育成为绩效评价的关键价值取向。

在这一价值导向下,企业在职业教育产业融合中扮演着多元化的角色。它们可以是教育的实施者、人才培养的推动者以及创新的引领者。

作为教育实施者,企业负有依法开展职业教育的职责。企业所拥有的资本、技术、知识、设施、设备和管理等资源,都能成为校企合作的宝贵资产,以促进人才培养和人力资源开发。根据 2017 年《国务院办公厅关于深化产教融合的若干意见》,企业可以通过独资、合资或合作的方式参与职业教育和高等教育的举办。这一政策鼓励企业自办或参与举办职业教育和高等教育,如技工教育领域的"吉利模式"和"华为模式"。吉利模式侧重于企业直接办学,而华为模式则侧重于企业参与教育过程。吉利注重从源头培养技术技能人才,而华为则通过产学合作项目参与教育,更侧重于人才的使用和激励。这两种模式分别适应了先进制造业和高科技行业的需求,并已证明是成功的。

作为人才培养的推动者,企业将自身的用人需求融入学校的教育体系,通过参与专业建设、课程开发、实习实训等多种方式,引导学校教育与产业需求对接,课程内容与职业标准相适应,教学过程与生产实践相结合,毕业证书与职业资格相衔接。企业积极参与人才培养计划的制订,利用自身的生产设备、技术工艺、工作场地和师资优势,提升人才培养的针对性和社会需求的匹配度。企业还通过实施订单教育和现代学徒制,建立实习实训基地,规范实习实训流程,保障学生的合法权益。同时,企业通过购买教育培训服务,促进员工的职业发展,培养既符合岗位要求又认同企业文化的高素质技术技能人才。企业还通过将企业文化融入课堂教学,引导学生明确职业目标,强化技能训练和理论学习,提升职业素养和文化修养,培养符合企业需求的人才。

作为创新的引领者,企业不仅依靠自身资源进行研发,还积极推动开放式创新。企业与学校合作,对接应用技术研发和成果推广,探索技术转移和知识转化的途径,缩短产品创新周期,降低市场交易成本。企业利用自身在产业技术上的优势,引导学校响应产业发展需求,定制科研成果。企业可以通过发布科技成果需求或与学校、科研院所合作,共同进行科技研发和成果转化。在科技成果转化为产品的过程中,企业可以通过灵活引进或兼职等方式,充分利用学校的人才资源,推动科技成果从实验室走向市场。

二、企业参与产教融合绩效评价的动机

企业参与产教融合绩效评价的核心动机在于对人力资本的战略性投资，旨在获取推动企业持续发展的关键人才资源。在这一过程中，企业采取多元化的合作模式，包括接收实习生、与教育机构合作开发课程和教材，以及共同建设实训基地和产业学院等，以培养学生的通用技能和满足企业特定需求的专业知识。这种合作不仅能够及时解决企业的短期用工问题，而且通过实习生的培养，为企业的长期人力资源规划打下坚实基础。在当前劳动力成本不断攀升和技能型人才供应不足的背景下，企业通过实习生项目能够有效降低用工成本，提高人力资源的利用效率。此外，实习生项目还有助于企业在激烈的市场竞争中培养认同企业文化和价值观的人才。从长远来看，这些实习生在实习结束后，若选择留在企业工作，将为企业带来长期的人力资本收益。他们不仅能够将所学的知识和技能直接应用于企业的生产和服务中，还能够作为企业文化的传播者和实践者，增强企业的内部凝聚力和市场竞争力。因此，企业参与产教融合绩效评价不仅是对人力资源的直接投资，也是对企业未来发展潜力的长期投资。

在当今快速变化的商业环境中，企业面临着规模和资源的双重限制，这些限制往往制约了其内部技术创新的能力。因此，企业越来越倾向于通过外部技术转移来提升自身的技术创新水平，这已成为其参与产教融合的主要动力之一。产教融合作为一种创新的合作模式，为企业提供了获取新知识和技术的渠道，同时也为高职院校提供了实践应用的平台。在产教融合的实践中，企业主要通过委托开发、共同开发和共建研发实体三种方式从高职院校获取技术成果转移。在委托开发模式下，企业根据自身的技术需求，与学校进行协商沟通，将具体的技术挑战委托给学校进行研发。学校接受委托后，利用其科研资源进行技术研发，并将成果转移至企业，以实现技术的应用和商业化。这一过程主要依赖双方签订的委托契约，其中企业负责提供研发资金，而学校则负责实施具体的技术研发工作。共同开发模式则更为合作化，企业和学校共同确定合作项目，共同参与技术研发，并共同应用技术成果。在这种模式下，企业和学校之间保持密切的合作关系，企业将市场需求和实际应用场景融入技术研发过程，以确保研发成果能够满足市场的实际需求。这种合作不仅促进了技术成果的快速转化，也加强了企业与高职院校之间的知识交流和资源共享。共建研发实体则是企业和学校通过资金投入或技术入股等形式，共同组建的实体机构，专门负责技术研发、成果转化和生产销售。这种模式的优势在

于它不仅能够降低企业单独进行技术研发的成本,还能够使企业直接获得所需的核心技术,增强企业的核心竞争力。同时,这种实体机构的建立也有助于促进产学研用的深度融合,推动科技成果的快速转化和产业化。

所以,企业通过产教融合中的技术转移活动,不仅能够突破自身规模和资源的限制,还能够有效地提升技术创新能力,获取新的知识和技术,从而在激烈的市场竞争中保持领先地位。这些合作模式的实施,不仅对企业的技术进步和产品创新具有重要意义,也对高职院校的教学和科研活动产生了积极的推动作用,实现了双方的共赢发展。

企业参与产教融合绩效评价的另一个动机是获得政府的有关政策支持,其中财政支持和税收优惠是企业最想获得的红利。新制度主义强调制度对行为者行为的影响,以及制度如何塑造政治、经济和社会后果。在这一框架下,企业被视为在制度环境中寻求最大化自身利益的行动者,它们通过参与产教融合来响应和利用政府的政策导向。2019 年,中国政府出台的一系列政策,如《国家职业教育改革实施方案》和《建设产教融合型企业实施办法(试行)》,提供了金融、财政、土地和信用的组合式激励,以及税收优惠政策,这些都是企业参与产教融合的外部制度激励。这些政策不仅定义了企业可以参与的行动领域,还通过提供激励措施,影响了企业的策略选择和行为。

新制度主义进一步强调,制度变迁往往是由于价值观念的改变或制度与观念之间的冲突。因此,企业对政策支持的追求也可以被视为对当前制度环境下价值观念变化的响应。企业通过参与产教融合,不仅能够获得直接的经济利益,还能够在制度环境中塑造自己的角色和地位,从而在长时期内获得更多的政策支持和资源。

所以,企业参与产教融合的核心在于利用政府政策支持来提升自身的技术创新能力和市场竞争力,同时在制度环境中寻求和塑造自身的利益,这是新制度主义理论下企业行为的一个典型体现。

第三节　企业深度参与产教融合绩效评价的逻辑

一、基于政策逻辑的分析

面对产业升级的迫切需求、技能型人才的短缺以及师资队伍的不足,中国高等职业教育改革正遭遇前所未有的挑战。为了有效应对这些挑战,国家层面出台了一系列重大政策,旨在推动高等职业教育的深入改革。在这一过程中,国家逐渐认识到行业企业在高等职业教育中扮演的关键角色,并强调其在促进产业与教育深度融合中的重要性。政策层面上,中国的高等职业教育正在构建更为清晰的顶层设计和明确的发展路径,以实现产教融合。在此背景下,学校与企业合作的育人模式正在逐步形成,企业在职业教育中的参与度和权限不断提升,其在教育体系中的主体地位也日益凸显。企业深度参与产教融合绩效评价不仅是国家对高等职业教育产教融合认识的深化,也是政策层面对产教融合的总体设计,标志着高等职业教育中企业办学主体作用的重大制度创新。这一制度创新不仅有助于解决当前的挑战,也为高等职业教育的可持续发展提供了新的动力和方向。

企业深度参与产教融合绩效评价已成为高等职业教育社会化发展的重要探索和必然选择。这种融合不仅是对教育模式的创新,更是对产业需求的直接响应。企业通过参与课程设计、实习实训、技术研发以及绩效评价,能够确保高等职业教育内容与产业实际需求紧密对接,从而培养出更符合市场需求的高技能人才。这一过程有助于高等职业教育适应新技术和市场趋势,服务于产业需求,实现产业转型升级,增强产业的国际竞争力。政府在这一过程中扮演着至关重要的角色。它不仅需要认识到企业参与产教融合绩效评价对于满足技术技能型人才需求的重要性,还需要通过政策引导和激励措施,激发企业的参与热情。《国家职业教育改革实施方案》的发布,正是政府对这一认识的具体体现。该方案明确提出了培育产教融合型企业的目标,旨在应对企业参与不足的挑战,明确企业参与的目标和方向,将企业参与产教融合纳入国家战略任务。政策的战略意义在于它不仅填补了产教融合参与企业数量的缺口,而且通过建立一个更为完善的高等职业教育生态系统,适应了我国经济转型的需要。这一生态系统能够更好地响应市场变化,培养出更多适应未来产业发展的高技能人才。此外,政策的实施也为高等职业教育的发展开启了新的阶段,通过绩效评价深化产教融合,促进教育与产业的深度合作,推动教育内容和教学方法的改进创新。

企业参与产教融合绩效评价,需要考虑产教融合所具有的持续性和复杂性,为此,政府已经开始对企业在产教融合中的角色进行更深入的考量。通过制定一系列政策文件,政府旨在促进产教融合的有序和高效发展。2017年12月,国务院办公厅发布《关于深化产教融合的若干意见》,强调了产教融合的重要性,并提出了统筹协调、服务需求、校企协同等原则和目标。政策鼓励企业参与办学,促进供需对接和流程再造,构建校企合作长效机制。2019年1月,国务院发布《国家职业教育改革实施方案》,明确提出要"培育数以万计的产教融合型企业",并建立产教融合型企业认证制度,对进入目录的企业给予"金融＋财政＋土地＋信用"的组合式激励,并按规定落实相关税收政策。2021 年 10 月,中共中央办公厅、国务院办公厅印发了《关于推动现代职业教育高质量发展的意见》,也强调产教融合、校企合作,推动形成产教良性互动、校企优势互补的发展格局。提出了到 2025 年和 2035 年职业教育发展的具体目标,并强调了职业教育类型特色的强化。2019 年 4 月 3 日,国家发展改革委和教育部共同发布了《建设产教融合型企业实施办法(试行)》,明确规定在未来的一段时期内,应基于"政府引导、企业自愿、平等择优、先建后认、动态实施"的原则,推动产教融合型企业的建设。在国家发展改革委、教育部深化产教融合改革的整体制度安排的基础上,需要工业和信息化部、人力资源社会保障部、财政部以及其他相关部门根据各自的职责协同合作,共同致力于产教融合型企业的政策引导和全方位支持。

　　这些政策共同构建了政府促进企业投身于产教融合绩效评价的政策体系,其核心目标是通过政策的引导和激励,加深教育与产业的紧密结合,提高职业教育的水平和成效,以满足产业发展对专业技术人才的迫切需求。总体而言,政府通过政策的制定与执行,为企业提供强有力的支持,让其参与产教融合绩效评价的实践中。这些政策的实施,充分体现了政府在培育企业参与产教融合方面的全局规划和科学指导,通过试点项目努力在全国范围内构建一套科学且高效的产教融合体系。在政策的引领下,有助于积累经验、规范培育流程,为企业全面参与产教融合绩效评价提供切实可行的实践平台。这种有序、分阶段的推进策略,可以帮助实现产教融合的持续健康发展。

二、基于企业经济逻辑的分析

　　企业参与产教融合绩效评价的行为呈现出明显的多元化动机。首先,企业作为社会经济体系的重要组成部分,其参与产教融合绩效评价不仅是对政府政策导向的积极响应,也是追求可持续发展战略的必然选择。国家政策的引导为企业提供了发展的方向和支持,企业通过与政策同步,能够获得政策红利和资源,从而在激烈的市场竞争中占据有利地位。其次,企业对人力资本的渴求是其参与产教融合绩效评价的另一重要动机。在知识经济时代,人才成为企业最宝贵的资源。企业通过与职业院校的紧密合作,不仅能够满足自身的人才储备需求,还能通过教育与培训提升员工的技能和生产效率,从而增强企业的核心竞争力。再次,企业参与产教融合绩效评价也是其承担社会责任的体现。作为社会性组织,企业有义务利用自身的资源和优势,通过教育要素的引入和优势重组,促进职业教育的高质量发展。这种参与不仅有助于企业塑造良好的社会形象,还能通过提升教育质量,间接推动社会整体的进步和发展。最后,企业参与产教融合绩效评价还能带来社会声誉的提升和经济效益的增加。通过产教融合,企业能够建立起良好的公众形象,这不仅有助于提高企业的市场竞争力,还能通过提升品牌价值来增加利润,同时降低运营成本。因此,企业参与产教融合绩效评价是一个多维度、多层面的战略行为,它涉及政策响应、人力资本提升、社会责任承担以及社会声誉与经济效益的多重考量。

　　企业参与产教融合绩效评价,可能是出于对中央政府的政策响应、对自身发展的人才需求以及肩负的社会责任,但是,受市场竞争压力的影响,企业面临着多重利益冲突,其参与产教融合绩效评价就会偏向市场化运作,出现表面上的积极报名和本质上的消极作为。一是对政策红利的追逐。追逐政策红利是企业参与职业教育的一个重要动机。在国家政策的激励下,企业"积极报名"参与职业教育,但这往往并非出于对教育本身的投入和热忱,而是出于对"金融＋财政＋土地＋信用"等政策红利的追求。企业在资源配置上严格遵循国家政策的导向,但在实际操作中,它们往往选择性地执行入库条件,倾向于那些成本较低、能够快速获得政策资源的项目。这种行为在一定程度上反映了企业对政策红利的追逐,而非对教育质量的真正关注。例如,某些企业可能仅满足于接收一定数量的学生进行短期实习,以满足政策要求,但在深度育人环节的合作却远未达到产教融合的预期。二是形式主义合作。形式主义合作是企业参与产教融合的另一个显著特征。部分企业为了应对政府的考核和评选,与职业院校结成"暂时伙伴"关系,这种关系往往是基于利益的共谋而非真正的合作。这种形式主义的合作导致了实体组织的不作为和形式主义行为,使企业在战术上看似勤奋,但在战略上却缺乏深度和实效。这种表面的合作不仅损害了职业教育的质量和效果,也削弱了企业与高职院校之间的信任和合作基础。三是产权不明导致的消极作为。在产权不明确和管理混乱的背景下,企业往往更关注短期利益,而对长期投资职业教育的热情不高。人力资源市场的高流动性和开放性进一步加剧了企业的风险,使企业在深度参与产教融合时面临核心技术流失、商业机密泄露、核心竞争力下降等问题。这些问题导致企业在投入职业教育办学时的意愿随着投入回报率的降低而逐渐消退。企业在一开始可能愿意投入资金、人力、技术等资源,但随着时间的推移,如果投入的回报率持续走低,企业的投入意愿就会逐渐降低,从而影响职业教育的质量和效果。

　　所以,企业参与产教融合时,面临着政策红利追逐、形式主义合作以及产权不明的消极作为等多重挑战。这些挑战不仅影响了企业参与产教融合绩效评价的质量和效果,也对职业教育的整体发展构成了障碍。因此,为了有效促进企业参与产教融合,应该保证企业获得一定的政策利益和经济利益,从而化解企业面临的利益冲突。

首先,落实企业的政治利益。企业政策福利的有效落实,无疑是推动教育与实践深度融合、创造育人价值的重要基石。在这一过程中,首要且核心的任务在于全面优化并深化企业参与产教融合绩效评价的激励政策框架。这不仅要求政策制定者关注到企业在硬件设施、资金投入等"硬投入"方面的贡献,更需同等重视并鼓励企业在人力资源开发、知识共享、管理体系创新、技术革新与应用等"软投入"方面的努力。这种全方位、多维度的激励策略,旨在全方位激发企业的参与热情与创新活力,确保企业在产教融合绩效评价过程中既能获得即时的物质回报,也能享受到长远的发展红利。为实现这一目标,政策层面需进一步细化并量化企业软性投入的评估体系,通过科学合理的计算方法和标准,将企业在人才培养、技术创新、知识共享等方面的无形投入转化为可量化的指标,以此为基础出台更具针对性的补充性激励政策。同时,为打破以往政府作为单一激励主体的局面,应积极探索构建由政府、行业、学校、企业等多方共同参与的多元化评价体系,通过上下联动、双向互动、内外协同的评价机制,激发各方主体的积极性与创造力,共同推动产教融合向纵深发展。此外,针对制造类等特定行业企业在产教融合过程中承担的较高设施设备损耗成本,政府应及时出台专项补贴政策,以经济补偿的方式减轻企业负担,激发其更深层次的合作意愿与热情。为确保补贴资金的有效利用,政府应成立专门机构,建立健全补贴资金使用的监督机制,严格审核补贴申请,严厉打击骗取补贴的行为,确保每一分钱都能用在刀刃上。同时,探索将项目专项资金直接审批给生产性企业的新路径,通过专款专用、专门审计等措施,确保资金使用的精准高效,进一步激活企业参与产教融合的动力,为培养更多高素质技能型人才、推动经济社会高质量发展贡献力量。

其次,保障企业的经济利益。保障企业经济利益,不仅是促进产教融合深入发展的必要条件,更是激发企业积极参与职业教育办学、共同培养高素质技能型人才的强大动力源泉。在这个过程中,首要且基础性的工作在于明晰校企双方的权责利关系,确保企业在履行其社会责任的同时,能够享受到与贡献相匹配的权益。这要求我们在政策制定与执行层面,不仅要明确产权的流动与归属,对企业以资本、技术、管理等要素投入职业教育办学的行为给予充分的法律与制度保障,确保企业在不损害国有资产的前提下,拥有对学校财产的继承权、转让权等合法权益,还要科学合理地评估并确认企业资产增量,让企业看到其投入资本所产生的增值效益,这是激发企业持续投入、深化产教融合的关键所在。在此基础上,构建风险共担机制,提高校企双方的抗风险能力,是保障校企合作稳定运行的又一重要举措。

这要求我们对校企合作的目标、内容、过程进行详尽的规划与刚性约定,明确校企双方的权利与义务,建立问责清单和责任追究机制,减少各主体间的机会主义行为,确保合作项目的顺利实施与成果的共享。此外,校企合作开发具有企业生产经营特点与专业技能特色的特殊项目,不仅能够保障育人的专用性,降低企业的机会成本与沉没成本,还能够使学生在真实的工作环境中获得实践经验,提升职业素养与就业竞争力。同时,构建优秀的企业文化,创建以人为中心的文化场域,重视人才的成长与发展,关心人才的工作与生活,理解人才的职业追求与价值观念,尊重人才的创新创造与个性差异,是减少学生流失、降低实习转就业成本、步入"育人—留人—用人"良性循环的关键。只有这样,我们才能真正实现产教融合的目标,培养出更多符合市场需求的高素质技能型人才,为社会经济的持续健康发展贡献力量。

最后,提高企业的社会利益。提高企业社会利益,实质上是在累积其声誉资本,这一无形财富不仅是企业实现可持续发展的内在驱动力,也是其深度融入并积极参与职业教育办学的重要基石。在日益激烈的市场竞争环境中,企业若想在众多竞争者中脱颖而出,仅凭经济实力的单一维度已远远不够,社会价值的创造与提升成为新的竞技场。因此,企业必须树立并坚守"经济价值+社会价值"双轮驱动的发展理念,这一理念的核心在于,企业作为社会经济发展的重要参与者,其角色不应仅局限于经济价值的创造者,更应成为社会价值的积极推动者。企业深入参与产教融合,作为新时代背景下的新型组织形态,它打破了传统企业与职业院校之间的界限,将职业教育与产业深度融合,旨在培养更多符合市场需求的高素质技能型人才。在这一进程中,企业不仅要追求经济效益的最大化,更要将社会价值创造纳入企业发展的战略规划之中,通过积极参与职业教育办学,为社会培养更多有用之才,从而降低因失信行为而带来的潜在风险,推动企业经济活动向更高阶、更可持续的方向发展。在此基础上,企业还需根据自身的发展能力与特点,做出理性的投资决策。一个经济实力雄厚、经营状况稳健、社会责任感强烈、市场竞争力突出的良性企业,往往能够更好地把握产教融合的发展机遇,将教育投资转化为企业发展的新动力。这不仅要求企业具备长远的战略眼光,更要求企业具备对社会需求的深刻洞察,以及对教育规律的准确把握。通过精准的投资决策,企业不仅能够规避单一的生产导向行为,还能够赢得社会的广泛认可,进而在提升资本声誉的同时,为企业的长远发展奠定坚实的基础。因此,企业在追求经济价值的同时,不应忽视社会价值的创造,而应通过理性的投资决策,积极参与职业教育办学,实现经济与社会价值的双重提升,为企业的可持续发展注入新的活力。

第四章

执行成效：高等职业教育产教融合绩效评价的分析研究

第一节　高等职业教育产教融合绩效评价方法体系

绩效评价的方法很多，根据不同项目的导向和目标，通常会采取几种适用于特定类型的绩效评价方法。特别是对教育项目而言，大多数教育项目除具备常规项目的一般特征外，还具有社会性、公益性等特点。因此对教育项目进行绩效评价，既要坚持绩效评价的方法，又要坚持项目评价的方法，在定性与定量相结合的基础上对教育项目进行多层次、多角度、全方位、全过程的评价。适用于教育项目绩效评价的方法主要包括平衡计分卡法、德尔菲法、层次分析法等。

一、平衡计分卡法

平衡计分卡(BSC)是常见的绩效考核方法之一。一般的平衡计分卡是一种绩效管理系统，它将组织的战略从财务、客户、内部业务流程以及学习和成长四个维度转化为可操作的指标和目标值。平衡计分卡能够全面考察财务和非财务指标，反映这个项目的投入及产出状况，有利于弥补传统绩效评价方法的缺陷，是一种更加全面、科学的评价方法。如今平衡计分卡广泛运用于高新技术产业、新型服务行业、制造业以及现代金融组织和政府组织等。对于政府组织主导的大型教育项目，运用平衡计分卡法能够较好地实现绩效评价的目标。

平衡计分卡体现了两个特点：一是考核指标的量化；二是考核目标的多维度

化,可以从财务、客户、内部业务流程、学习与成长四个核心维度着手,同时增加适合自身项目特点的其他维度。平衡计分卡是一种绩效管理工具,它通过将组织的愿景和战略转化为一组绩效指标来监控企业的绩效。这种方法的优点主要体现在以下几个方面:①避免短期财务导向,强调了长期战略目标的重要性,促使组织关注长期价值创造而非仅是短期财务收益;②战略一致性,它确保组织内各个层级的目标和行动与总体战略保持一致;③战略转化为行动,它通过将战略目标分解为具体的绩效指标和行动计划,使得战略的实施更加具体化和可执行,便于各级员工理解和执行;④促进沟通和理解,帮助各级员工更好地理解组织的目标和战略;⑤多维度绩效评估,如客户满意度、内部流程效率、员工学习和成长等;⑥持续改进和创新,以适应不断变化的外部环境。其缺点主要包括:平衡计分卡的前提是基于实施项目战略目标的先验性,因此它对战略目标制定方面无法发挥作用;它只是以定量的方式评价项目实施的状态和结果,而不能推动项目的实施过程;指标复杂,难以确立指标之间的因果关系;实施难度较大。平衡计分卡需要组织项目有明确统一的战略目标,并且各级管理者具备较高的组织管理能力,它对组织目标和管理人员都有一定的要求。

在对具体的教育项目进行绩效评价时,应当和一般企业项目有所区别。对教育项目要考虑行政效能和社会效能,可以在平衡计分卡四维度的基础上,增加社会效能,构建更加符合教育项目的五维度评价体系,即财务维度、客户维度、内部业务流程维度、学习与成长维度、社会效能维度等。

二、德尔菲法

德尔菲法也称专家调查法,大致涉及对要预测的问题获得专家同意,然后对其进行组织、总结和统计分析,进行不断的匿名收集信息和反馈,直到得到一致的意见。在教育项目绩效评价实施过程中,德尔菲法非常重要,它贯穿于教育项目的全过程,伴随最初的确定项目目标到项目实施过程,以及项目最后的结项验收。特别是对一些难以定量分析的数据和决策,实施德尔菲法能够较好地解决教育项目中的相关问题。

德尔菲法与常见的召集专家开会、通过集体讨论得出意见的专家会议法既有联系又有区别。德尔菲法的优点包括:全面收集每位教育专家的观点,能充分发挥各位专家的作用,集思广益,准确性高,实施绩效评价的民主化,避免了权威人士的意见影响决策;教育项目管理者在征集专家意见时可以对涉及的所有观点进行筛选,以便做出最合理的分析;匿名函件的交流方式避免了权威人士的意见影响决策,同时也避免了某些专家因个别因素不愿发表真实意见的情况。其不足之处包括:每位专家都是通过匿名函件进行交流,缺乏面对面的思想沟通,因此其评价会有一定的主观片面性;出于广泛听取意见的评价目的,在实施过程中可能会忽略少数人的意见,使预测结果偏离实际;组织者的作用很重要,筛选结果易受其主观影响。

三、层次分析法

层次分析法(analytic hierarchy process,AHP)是指将与决策相关的要素分解为目标,根据标准、准则和计划的级别,可以进行定性和定量分析决策的方法。它作为一种强大的决策支持工具,通过将复杂的决策问题分解为清晰的层次结构,包括总体目标、子目标、评估标准和备选方案,使得决策过程更为系统化和条理化。在这一过程中,决策者利用定性指标和模糊量化技术来评估各元素的相对重要性,构建判断矩阵,并计算出各元素的优先级权重。这些权重随后被综合,以确定每个备选方案相对于总体目标的总权重。层次分析法不仅结合了定性与定量分析,还通过透明和可解释的计算过程,帮助决策者优化多目标和多方案的决策,从而选择出最符合总体目标的方案。最终权重最高的那个是最优解。层次分析法更适合于目标系统具有层次化和交错评价指标的决策问题,其中目标值难以定量描述。在教育项目绩效评价过程中,针对那些无法确定权重和进行定量分析的项目,就可以运用此方法。

层次分析法的优点包括:第一,层次分析法是一种全面系统地把定性与定量相结合的方法。层次分析法是一种将研究对象作为整体系统来处理的决策分析方法,它通过分解、对比和整合的逻辑来指导决策过程,成为继传统分析和统计方法之后,系统分析领域的关键工具。该方法的核心理念是全面考虑各种因素对最终结果的综合影响,确保在分析过程中不忽视任何潜在的相关性。在层次分析法中,每个层次的权重配置都对最终的决策结果具有直接或间接的作用,而且每个因素对结果的贡献程度是可以被量化评估的。这种方法特别适合于那些结构不明确或者涉及多目标、多标准、多阶段评价的复杂系统。第二,层次分析法的操作相对直观易懂。层次分析法不仅依赖于高级数学运算,还融合了行为逻辑和推理过程。它有效地结合了定性分析和定量分析,将复杂的系统分解为易于管理和评估的部分。这种方法有助于将决策者的思维过程转化为数学化和系统化的步骤,使决策过程更加清晰和易于理解。此外,层次分析法能够将涉及多个目标和标准的决策问题,以及那些难以直接量化的问题,转化为一系列层次化的单目标问题。第三,不需要大量的定量数据信息。层次分析法（AHP）是一种模拟人们在决策过程中的思维方式的方法，它留下了确定每个元素对大脑的相对重要性的步骤，并将大脑对元素的印象转换为简单的权重进行计算。主要从评价者对评价问题的本质和要素的理解出发，它比一般的定量方法更强调定性分析和判断。

层次分析法的主要缺点包括：第一，不能为决策提供新方案及改进策略。层次分析法是一种典型的择优选择法，它的实施是基于管理组织自身通过模拟大脑设计的诸多方案，然后选择最优解。对大多数决策者来说，如果一个分析工具能够分析已知解的最优解，指出已知解的缺点，甚至提出改进方案，那么这个分析工具就相对完美了。然而，很明显，层次分析法无法实现这一点。第二，重定性、轻定量分析，结果难以使人信服。对科学的项目评价而言，通常定量分析占有极大比重。然而诸如非财务指标的考核，往往难以实现定量分析，则是由专家和管理者进行定性分析，而由于每个专家的立场、评价标准有所不同，其主观性过重，难免使评价结果缺乏说服力。第三，指标复杂时，工作量巨大，权重难以确定。在项目的实施过程中，不同的目标可能带来庞大的指标体系，作为判断矩阵构建的指标层次就会更深、更广、规模更大。这为指标的对比工作带来严峻的考验。如果在对比的过程中出现了数量众多的指标，可能会影响决策者的判断，乃至对单独层次排序和所有排序的一致性产生影响，很难保持各指标的一致性。

四、其他方法

除上述三类常用的教育项目评价方法外，还有同行评议法、模糊综合评价法、鱼骨图分析法、360度反馈评价法等方法，它们可以分别运用于不同教育项目评价的各个阶段。

同行评议法主要由三部分组成：被评估项目、评估标准和参与专家。采用这种方法时，项目内容所涉及领域的专家采用统一的评价标准，共同对项目对象进行科学评价。同行专家就项目进行面对面的交流和讨论，并进行深入的现场审查。评估结果可作为决策者或组织的重要参考信息。

模糊综合评价法是利用模糊数学对事物或受多种因素约束的事物进行评价的方法，对对象进行综合评价，并使用隶属度来描述模糊边界，可以更好地解决模糊和难以量化的问题。例如，在对世界一流大学和一流学科高校进行社会责任绩效评价时，由于评价因素的模糊性和缺乏明确的界限，模糊综合评价法通常用于确定指标得分和评价结果。

第二节 高等职业教育产教融合绩效评价
指标体系设立

党的二十大报告中强调要"统筹职业教育、高等教育、继续教育协同创新,推进职普融通、产教融合、科教融汇,优化职业教育类型定位"。"产教融合"是职业教育面临的重要课题。《国务院办公厅关于深化产教融合的若干意见》提出要鼓励社会第三方机构开展产教融合效能评价,进一步健全统计评价体系。《浙江省深化产教融合推进职业教育高质量发展实施方案》提出建立以产教融合、技能水平、就业质量、服务贡献等为核心指标,政府、行业、企业、学校等多方共同参与的职业教育多元质量评价机制。当前该领域的相关研究涉及绩效评价的定性分析居多。本研究顺应国家政策的号召,核心目的是探究职业教育产教融合对教育目标群体和当地社会所作出的贡献及其积极影响,为高职院校产教融合提供发展引导,为区域建立长效、动态、良性的高职院校产教融合发展与奖惩机制,提供效益评价框架。

一、高等职业教育产教融合评价指标的构建方式

在新征程上,高职院校坚持以育人为本,推行校企协同育人,整合校内外资源,打破专业壁垒,搭建产学研服务平台、深化产教融合,更好地服务社会发展。然而,高职院校产教融合的绩效评价体系构建在我国当前是一个新的课题,相关性和学理性研究并不充分。其中的内涵可从职业学校产教融合的经济效益与社会效益的关系研究中体现。长期以来,对于高职院校产教融合绩效评价的重要性认同度较高,研究中主要借鉴产教融合绩效评价效益发展要素相关研究,但在具体评价时多以经济管理视角来构建解决。如范德成等(2009)提出投入与产出的过程要素应结合技术创新,对产学研绩效加以考察[①]。从徐同亮(2017)提出社会效益与经济效益是辩证统一的关系,可知社会效益评价日益受到重视,同时两者的侧重点和任务

---

① 范德成,孙丹. 产学研结合的技术创新权变模式的构建[J]. 科技进步与对策,2009(15):107-110.

有所不同[①]。王文丽等(2015)认为社会效益包含微观、中观和宏观三个层面,其中中观层面包含生态效益要素,宏观层面还包含经济效益要素等[②]。

高职院校产教融合绩效主要是指高职院校在产教融合校企合作的过程中,为社会带来的价值,主要可从高职院校为社会输送的学生素质、产教融合的研发成果及专业影响力等方面体现。此外,绩效评价还包括社会效益内容,主要是面向社会所产生的影响与成果,高职产教融合绩效评价不仅要关注人才培养、专业影响力、科研产出等情况,还与产教融合过程中的主体参与规模、资源效能、服务质量、社会影响等相关。可建立六个一级指标,即社会贡献度、社会支持度、社会责任度、实施覆盖度、社会影响度、示范效应度,与之对应设置相关的二级指标。如社会贡献度方面,学生素质需要考虑就业情况,就业是办学的立足点,也是衡量高职院校产教融合的标准,此外,还能为高职院校带来声誉等效益;产教融合成果与教科研结合度较高,主要体现某领域的技术应用与研发等为社会带来的直接效益,可由科研项目、论文、专著等直接体现;专业影响力与外部声誉相似,具有无形资产的特征,可用专业录取分数线等来衡量。

二、高等职业教育产教融合评价指标的赋权方式

高职院校产教融合的绩效评价体系构建的成果在不断增加的同时,还存在如下不足(也即分析框架的发展空间)。首先是研究内容上,当前绩效评价研究主要集中在专业、课程、教学等方面,产教融合方面的研究不多。其次是研究方法上,缺乏科学性和说明性的实证探讨,难以覆盖不同区域具有差异性的产教融合绩效评价。最后是研究视角上,可基于产教融合跨领域教育生态发展进程,建立绩效评价体系,为高职院校与教育管理部门提供可对照的升格与动态管理"双高计划"建设学校的评价标准。然而,评价指标的权重与研究内容、研究方法及研究视角等具有相关联动性,也即关系到研究内容、方法与视角的调整,在此主要关注评价指标的赋权方式。

目前,我国计算评价指标权重的方法主要有两种:一种是主观赋权方法,包括层次分析法、德尔菲法等。这种方法大多采用问卷调查法以主观评分的形式确定指标权重,引入了大量的人为因素。另一种是包括熵权法、因子分析法、主成分分

---

①　徐同亮. 出版单位社会效益论析[J]. 出版发行研究,2017(1):9-12.

②　王文丽,尉京红,霍东乐. 社会效益研究现状综述[J]. 合作经济与科技,2015(10):187-188.

析法在内的客观赋权方法,该方法避免了主观赋权方法存在人为因素方面的缺陷,能根据各指标间的相互关系进一步确定权重,相对而言能较为客观、真实地反映相关指标的情况。在高职院校产教融合绩效评价中可采取熵权法,该方法利用各指标的熵值信息量大小来确定指标权重。其计算方式主要包括 6 个步骤:第一,形成决策矩阵,是指将评价对象集、指标集与评价对象对指标的值形成矩阵;第二,消除不同维度对评价结果的影响,规范、标准化各项指标;第三,计算出评价对象的特征比重并计算与指标对应的信息熵值;第四,依据指标的信息熵与 1 之间的差值决定信息效用值;第五,计算各评价指标的权重;第六,采取加权求和的方式计算样本的评价值情况。总体而言,熵权法得出的指标权重值可信度和客观性较高,较为适合高职产教融合绩效评价的指标赋权。

三、高等职业教育产教融合绩效评价实施方式

国外学者在该领域相关研究主要集中在以下几个方面:第一,依法开展绩效评价,以职业教育相关法律法规办法来规范与推进产教融合的评价与发展(Jason Tony,2015)。第二,多方评估机制得到了广泛实施,引入了多个利益相关者参与评估,以优化教育成果并满足社会需求(Kenneth G. Ryder,1987)。第三,评价指标的多层次设计,如美国通过国家、州和机构层面的核心指标来评估教育质量,而德国则依据投入、过程、产出和绩效四个维度来设定评价指标,以确保教育体系的全面质量控制(尹金金,2011)。第四,引入第三方职业教育评价制度,关注客观、公平、公正的评价制度与方法的建立与完善(J. T. Harris,2014)。然而,有学者就德国双元制教育遇到的困境和存在的问题开展研究,并对双元制的实际社会效益提出疑问(S. Billett,T. Seddon,2014),如年轻人的失业问题、培训专业更新缓慢、人口增速缓慢、普通教育和职业教育之间的资源竞争以及劳动力结构的变化等都在检验双元制的适应能力(P. Grollmann,F. Rauner,2017)。国外成果不能直接套用。

考虑到高职产教融合绩效的抽象性以及评价实施的复杂性,加之评价对象和内容的多样性,一些研究采用了质性研究方法进行实践探索。同时,结合质性研究与量化研究的混合方法也被认为是科学的。例如,量化研究可以参考国内关于职业教育评价方法的元评估应用研究,刘桂辉等(2014)提出,元评估是依据特定标准,运用科学方法对教育评价本身进行检验和评价的过程,其中以层次分析法和模

糊综合评价法较为常用①。曹静等(2010)应用了模糊综合评价法,该方法依赖于专家的主观评分来评定绩效②。王海军等(2017)则使用层次分析法来分配指标权重,通过构建判断矩阵,并计算特征向量来确定权重,进而评估绩效③。另外,童丽(2016)通过对企业案例进行编码分析,构建了协同育人效果提升模型④。案例法强调对特定组织进行长期的系列化研究,适用于对特定高职产教融合项目进行评价。在具体评价实践中,应聚焦案例的核心结构内容,并根据产教融合社会效益评价指标进行深入分析。此外,还应积极关注案例与社会的联系及其宣传效应。行动研究是一种以提高行动质量、改进实际工作、解决实际问题为目标的研究方法,它强调真实、自然、动态的工作过程,包括确定问题、制订计划、采取行动、实施考察、反思等基本步骤。显然,该方法的实施应针对具体的高职产教融合项目进行计划、行动、考察与反思,全面调查和解决相关产教融合实践问题,通过多次迭代循环研究实现问题的解决。总体而言,高职产教融合绩效评价并不排斥量化研究,而将质性研究与量化研究相结合,是绩效评价的最佳实践。

第三节　高等职业教育产教融合绩效评价 DEA-RAM 模型选择

一、产教融合绩效评价模型方法及比较

在高职教育领域,产教融合绩效评价模型是一种工具,用于衡量和分析高职院校在产教融合方面的实际成效。这个模型可以被视为一个生产函数,它在特定条件和假设下,通过理论方法和实际数据,描绘出高职院校在产教融合中可能达到的最大产出水平,即生产前沿。

评价模型可以根据决策单元的需求和特性分为两大类方法,具体见表4-1。

---

① 刘桂辉,彭秋发. 元评估在高校教学评估中的应用研究——以东华理工大学长江学院为例[J]. 东华理工大学学报:社会科学版,2014(4):380-383.

② 曹静,范德成,唐小旭. 产学研结合技术创新绩效评价研究[J]. 科技进步与对策,2010(7):114-118.

③ 王海军,于兆吉,温馨,等."产学研＋"协同创新绩效评价研究——来自海尔的多案例验证[J]. 科研管理,2017(S1):633-640.

④ 童丽. 高职院校教师绩效管理水平提升研究[J]. 教育与职业,2016(3):66-69.

表 4-1　绩效评价模型测度方法

前沿分析法	参数分析法	随机前沿分析法
		厚分析法
		自由分布法
	非参数分析法	数据包络分析法
		自由处置凸包分析法
非前沿分析法	指数法	
	生产函数回归分析法	

（一）非参数分析法

非参数分析法不依赖于具体的函数形式,而是通过分析所有决策单元(如高职院校)的输入和输出数据,构建一个包含所有可能生产模式的最小输出集合。基于这个集合,可以计算出各个决策单元的投入产出效率。非参数分析法主要包括数据包络分析(data envelopment analysis,DEA)和自由处置凸包分析。数据包络分析是一种广泛应用的方法,它使用线性规划来确定决策单元的效率,通过构建生产边界并将决策单元的效率表示为相对于这个边界的比率。自由处置凸包分析是数据包络分析的变体,它放宽了凸性假设,允许效率前沿扩展到数据包络分析顶点之外,从而可能得到比数据包络分析更高的平均效率值。

（二）参数分析法

与非参数分析法不同,参数分析法需要对输入和输出之间的具体函数关系做出假设。这类方法通常涉及统计分析和经济学模型,如随机前沿分析(stochastic frontier analysis,SFA),它通过构建概率模型来评估决策单元的效率,并考虑了随机误差的影响。

在实际应用中,选择哪种方法取决于数据的可用性、决策单元的特性以及评价的具体目标。非参数分析法因其不需要预设生产函数的具体形式,且能够处理多输入多输出的情况,而被广泛用于效率评价。而参数分析法则提供了更为深入的分析,能够揭示影响效率的随机因素和确定性因素。

（三）非参数分析法和参数分析法的比较

在绩效评价模型中,非参数分析法和参数分析法各有其特点和适用场景。参数分析法的优势包括:能够提供生产单元效率低下的详细解释,包括技术效率问题和随机因素的干扰;适用于面板数据,可以进行更为复杂的统计测试,分析不同生产单元间的效率差异,或者同一个生产单元在不同时间点的效率变化。参数分析法的局限性包括:需要对生产投入和产出之间的关系做出具体假设,这在实际应用中可能难以准确建模,因为实际生产函数往往是未知的或难以精确测量的。非参数分析法的便利性是指无须函数关系,不要求预先设定生产函数的具体形式,这使它们在实际研究中更容易操作。总的来说,参数分析法在理论上可以提供更深入的分析,但在实际应用中可能受到模型设定和数据可用性的限制。

二、高职教育产教融合绩效评价测算模型及比较

DEA 是评估决策单元(decision making unit,DMU)相对效率的一种方法,它通过输入和输出数据来确定每个单元的效率。在 DEA 的众多评价模型中,CCR 模型和 BCC 模型是两个经典且广泛使用的评价模型。CCR 模型,也称 CRS 模型,由沙恩(Charnes)、库珀(Cooper)与罗德(Rhodes)在 1978 年提出,它假设决策单元的规模报酬是恒定的,即生产规模的扩大或缩小不会影响生产效率。CCR 模型是最基本的 DEA 模型,适用于评估决策单元在最佳规模时的效率。BCC 模型由班克(Banker)、沙恩(Charnes)和库珀(Cooper)在 1984 年提出,引入了变动规模报酬(variable return to scale,VRS)的概念,允许生产效率随规模变化而变化。BCC 模型是对 CCR 模型的扩展,它提供了更加细致的分析,能够区分规模效率和技术效率。这两种模型都可以用来评估决策单元的径向效率(通过改变投入和产出的比例来衡量)和角度效率(通过分析投入和产出的相对变化来衡量)。然而,这些模型可能忽视了输入过剩或产出不足的问题,即松弛变量。为了解决这一问题,托恩(Tone)在 2002 年提出了 SBM 模型,这是一种非径向和非角度的模型,它考虑了松弛变量,能够更全面地评估决策单元的效率。SBM 模型既可以有效地解决决策单元中的径向角度问题,也可以考虑输入-输出松弛问题。进一步地,末吉(Sueyoshi)等在 2011 年提出了 RAM(范围调整度量)模型,它不仅避免了模型参数设置中的主观性,而且提供了一种非径向非角度的效率评估方法,使得评估结果更加客观和准确。总的来说,这些模型提供了不同的方法来评估和改进决策单元的效率。

(一) DEA-CCR 模型

法雷尔(Farell)在 1957 年指出,计量单位的生产效率对于制定相关政策具有重要意义,并将生产率的概念扩展到生产效率。Charnes 等在 1978 年提出了一种基

于投入产出分析的评估方法,通过特定的数学模型来衡量决策单元的相对效率。在这个模型中,即 CCR 模型,假设了规模报酬不变(CRS),意味着决策单元在扩大或缩小生产规模时,其效率不会受到影响。在这种假设下,CCR 模型能够有效地评估决策单元在恒定规模报酬条件下的技术效率。基于投资的 CCR 模型如下:

$$\max h_j = \sum u^{\mathrm{T}} Y_0 \left(\sum v^{\mathrm{T}} X_0 \right)^{-1}$$

$$\text{s. t.} \sum_{r=1}^{s} u_r y_{rj} - \sum_{i=1}^{m} v_i x_{ij} \leqslant 0, \quad j = 1, 2, \cdots, n ; u, v \geqslant 0 ; r = 1, 2, \cdots, s ; i = 1, 2, \cdots, m$$

式中,X_0 为 DMU 的投入量;Y_0 为 DMU 的产出量;x_{ij} 为第 j 个 DMU$_j$ 对第 i 种输入的投入量;y_{rj} 为第 j 个 DMU$_j$ 对第 r 种输出的产出量;v_i、u_r 分别为第 i 种投入和第 r 种产出的权重。

由于非线性模型的分式规划的解有无穷个,于是 Cooper、Charnes、Rhodes 三位学者将最初的 CCR 模型先转化为线性规划的形式,然后按照对偶理论将其转化为对偶规划形式。CCR 模型公式如下:

$$\begin{cases} \min \left[\theta - \epsilon \left(\sum_{i=1}^{m} S_i^- + \sum_{r=1}^{s} S_r^+ \right) \right] \\ \sum_{j=1}^{n} x_{ij} \lambda_j + S_i^- = \theta x_{ij_0}, \quad i \in (1, 2, \cdots, m) \\ \sum_{j=1}^{n} y_{rj} \lambda_j - S_r^+ = y_{rj_0}, \quad r \in (1, 2, \cdots, s) \\ \theta, \lambda_j, S_i^-, S_r^+ \geqslant 0, \quad j = 1, 2, \cdots, n \end{cases}$$

式中,x_{ij} 为第 j 个 DMU$_j$ 对第 i 种输入的投入量;λ_j 为各决策单元的权重乘数;y_{rj} 为第 j 个 DMU$_j$ 对第 r 种输出的产出量;S^-、S^+ 分别为松弛变量。

①当 $\theta=1$ 并且 $S_0^-=0, S_0^+=0$ 时,已达到帕累托最优状态,可以说决策单元 DMU 在技术上是 DEA 有效的;②当 $\theta<1$ 并且 $S_0^- \neq 0, S_0^+ \neq 0$ 时,意味着至少有一个输入或输出部分效率低下,那么它就不能在总体上被认为是 DEA 技术有效的。

(二) DEA-BCC 模型

Banker(1984)基于生产可能性集的可变规模报酬假设,扩展了 Charnes(1978)的已有工作,并提出了 BCC 模型。同样,BCC 模型的对偶规划形式如下:

$$
\begin{cases}
\min\left[\theta - \varepsilon\left(\sum_{i=1}^{m} S_i^- + \sum_{r=1}^{s} S_r^+\right)\right] \\[2mm]
\sum_{j=1}^{n} x_{ij}\lambda_j + S_i^- = \theta x_{ij_0}, \quad i \in (1, 2, \cdots, m) \\[2mm]
\sum_{j=1}^{n} y_{rj}\lambda_j - S_r^+ = y_{rj_0}, \quad r \in (1, 2, \cdots, s) \\[2mm]
\sum_{j=1}^{n} \lambda_j = 1 \\[2mm]
\theta, \lambda_j, S_i^-, S_r^+ \geqslant 0, \quad j = 1, 2, \cdots, n
\end{cases}
$$

当 $\theta=1$ 并且 $S_0^-=0, S_0^+=0$ 时,决策单元 DMU 为纯技术效率有效,否则为纯技术效率非有效。

(三)DEA-RAM 模型

DEA-RAM 模型是由 Sueyoshi 等(2011)在 Cooper 等(1999)的基础上提出的一种新的 DEA 模型。

假设有 N 种普通要素投入:

$$l=(l_1, l_2, l_3, \cdots, l_n) \in R_N^+$$

M 种能源投入要素:

$$e=(e_1, e_2, e_3, \cdots, e_n) \in R_M^+$$

W 种创新投入要素:

$$k=(k_1, k_2, k_3, \cdots, k_n) \in R_W^+$$

得到 Q 种普通期望产出:

$$y=(y_1, y_2, y_3, \cdots, y_n) \in R_Q^+$$

I 种创新期望产出:

$$p=(p_1, p_2, p_3, \cdots, p_n) \in R_I^+$$

V 种非期望产出:

$$b=(b_1, b_2, b_3, \cdots, b_n) \in R_V^+$$

DEA-RAM 模型如下:

$$\max \sum_{n=1}^{N} R_n^l S_n^l + \sum_{w=1}^{W} R_w^k, S_w^k + \sum_{q=1}^{Q} R_q^v S_q^v + \sum_{i=1}^{I} R_i^p S_i^p + \sum_{m=1}^{M} R_m^e (S_m^{e^+} - S_m^{e^-}) + \sum_{v=1}^{V} R_v^b S_v^b$$

$$\text{s. t} \sum_{j=1}^{J} I_{nj}\lambda_j + S_n^l = l_{nj}, \forall n$$

$$\sum_{j=1}^{J} k_{wj}\lambda_j + S_w^k = k_{wj}, \forall w$$

$$\sum_{j=1}^{J} e_{mj}\lambda_j - S_m^{e^+} + S_m^{e^-} = e_{mj}, \forall m$$

$$\sum_{j=1}^{J} y_{qj}\lambda_j - S_q^v = y_{qj}, \forall q$$

$$\sum_{j=1}^{J} y_{ij}\lambda_j - S_l^p = y_{ij}, \forall i$$

$$\sum_{j=1}^{J} b_{vj}\lambda_j + S_v^b = b_{vj}, \forall v$$

$$\sum_{j=1}^{J} \lambda_j = 1, \lambda_j \geqslant 0, \forall j$$

$$S_q^v \geqslant 0, \forall q; S_l^p \geqslant 0, \forall i; S_n^b \geqslant 0, \forall n; S_w^k \geqslant 0, \forall w$$

$$S_m^{e^+} > 0, S_m^{e^-} > 0, \forall m; S_v^b > 0, \forall k$$

$$0 \leqslant \theta = 1 - \max\left[\sum_{n=1}^{N} R_n^l S_n^l + \sum_{w=1}^{W} R_w^k S_w^k + \sum_{q=1}^{Q} R_q^v S_q^v + \sum_{i=1}^{I} R_l^p S_l^p + \sum_{m=1}^{M} R_m^e (S_m^{e^+} - S_m^{e^-}) + \sum_{v=1}^{V} R_v^b S_v^b \right] \leqslant 1$$

(四)模型比较

数据包络分析(DEA)中的 BCC 模型和 RAM 模型在评估决策单元(DMUs)的效率时采用了不同的方法和视角。BCC 模型分为投入导向和产出导向两种形式,分别关注减少投入和增加产出,而 RAM 模型则同时考虑投入和产出的调整,提供了一种更为综合的效率评估视角。在处理效率评估时,BCC 模型采用径向测量,通过比例缩放投入和产出来进行效率分析,而 RAM 模型则使用非径向测量,允许投入和产出以不同的比例自由调整,从而提供了一种更为灵活的评估方式。此外,BCC 模型将非期望产出视为额外的投入,影响效率评分,而 RAM 模型则能够直接包含非期望产出,更准确地反映其对效率的影响。这些差异使得 BCC 模型和 RAM 模型在不同的应用场景中各有优势,研究者可以根据具体的研究目的和需求选择最合适的模型进行效率评估。

第四节　高等职业教育产教融合绩效评价实证结果分析

一、数据的描述性统计

本研究聚焦于2019年12月教育部与财政部联合认定的首批"双高计划"中精选的56所顶尖高职院校,通过分析其2022年发布的《高等职业教育质量年度报告》及《适应社会需求能力自评报告》,揭示这些院校在2022年产教融合方面的表现。在数据搜集阶段,鉴于部分院校数据缺失或获取难度大,为确保数据集的完整性和分析质量,这些院校被排除在外。最终,纳入分析的院校数量达到了DEA模型分析的最低标准,即决策单元(DMUs)数量至少为投入与产出变量总和的3倍,以此保障模型结果的可靠性与精确性。

参考《高等职业教育质量年度报告》中的关键指标形成投入与产出指标共10项,主要包括如下:①投入指标,如专任教师总数、"双师型"教师数、年生均财政拨款水平、生均实践教学工位数、生均教学科研仪器设备值。②产出指标,如就业人数、企业提供的校内实践教学设备值、横向技术服务到款额、知识产权项目数、横向技术服务产生的经济效益。

在此,对"双高计划"中的42所高校进行了深入分析,涉及的指标包括教学和培训设备价值、专职教师人数、学生规模、"双师型"教师数量、校内外培训基地数量、专业群数量、企业投入的设备价值、毕业生人数、技术服务收入和经济效益十个方面。通过对平均值、最大值、最小值及标准差等指标的计算,本研究展示了"双高计划"实施以来,各高校在产教融合与校企合作领域取得的进展,以及在办学环境、学生培育、合作教育、社会服务等方面的显著成就。具体而言,在42所"双高计划"高校中,"双师型"教师在专职教师队伍中的平均占比有所上升,彰显了高校对教师队伍建设的高度重视,为人才培养奠定了坚实基础。此外,各高校在校内外实训基地建设方面也取得稳步进展,平均每校建立了7个专业集群,为学生提供了跨学科的实践学习平台。在社会服务层面,高校积极构建服务体系,与区域发展战略(如粤港澳大湾区、长三角G60科创走廊、西部大开发等)紧密对接,有效提升了服务乡村振兴、扶贫及农村科技创新的能力。2019年,这些高校中最高横向技术服务收入及经济效益达到1504.81亿元,对推动工业企业转型及区域经济发展贡献显著。然而,研究也揭示出高职院校在资源投入与产出上的显著差异,部分院校经济效益为零,凸显了中国高职院校教育质量的不均衡性。

二、研究过程

在此将各高职院校作为决策单元(DMUs),并运用 DEA-RAM 模型来评估"双高计划"下高校在产教融合方面的建设效果。鉴于资源建设和成果产出在当前职业教育改革和产教融合深化中的重要性,本研究对这两个阶段的指标赋予了相同的权重。研究的步骤概述如下:①整体效率评价。选择了一个模型来评估 42 所"双高计划"高校在产教资源整合的建设阶段和产出阶段的效率,以及整体运行效率,以全面审视这些高校在产教融合方面的建设和发展水平。②效率相关性分析。对这些高校在产教融合的两个阶段的效率与整体效率之间的相关性进行了分析,旨在揭示这两个阶段的融合效率与整体效率的关联性,并探讨它们之间的协调性。③综合效率分解与评价。计算了 42 所"双高计划"高校的产教融合综合效率,并根据纯技术效率来计算规模效率。此外,为了深入理解产教融合效率低下的原因,本研究对综合效率、纯技术效率和规模效率进行了详细分析,并利用绩效改进目标对各项指标进行了比较分析,以识别系统中存在的问题。④区域效率评估。依据国家统计局对中国区域经济的划分标准,对 42 所"双高计划"高校按东部、中部、西部及东北部四个区域进行了产教融合效率的统计分析,旨在洞察各区域在产教融合领域的发展态势及区域间的协调性。这一系列举措旨在为"双高计划"高职院校提供产教融合建设的效率提升,并为未来政策规划与实践操作提供有价值的参考依据。

三、研究结果分析

(一)全面评估"双高计划"院校的产教融合效率

研究旨在深入分析"双高计划"下高职院校在产教融合方面的整体效能,包括资源建设阶段和成果产出阶段的表现。通过模型计算,本研究评估了 42 所相关高职院校的产教融合效率,旨在揭示这些院校在产教融合实践中的具体执行情况及相互之间的差异。DEA 模型的评估结果显示,DEA 值越接近 1,代表院校的投入产出效率越高;若 DEA 值达到 1,则表示该院校已实现最优的投入产出效率;而 DEA 值若为 0,则意味着该院校的投入产出效率存在显著不足。图 4-1 所示为"双高计划"院校产教融合投入与产出部分基础数据。

DMU1	DMU2	DMU3	DMU4	DMU5	DMU6	DMU7	DMU8
1	513	342	61344.431	1.4	124089.72	1065	9301.02
2	723	616	13850.49	1.51	29987.98	4315	224.67
3	666	564	24727.5	1.44	24995.01	2814	637
4	719	613	16434.26	0.61	26830.96	2451	8834.43
5	1290	1166	12058.04	2.06	18942.83	6472	516
6	594	541	15799.74	1.826	44163.97	2524	1379
7	1015	662	8861.73	0.73	15624.7	2693	1622.71
8	896	767	13263.96	0.81	29617.33	5448	137.6
9	1552	1002	40311.93	1.03	42650.1	6430	2730
10	1162	903	14425.59	0.62	17674.89	5198	1681.16
12	234	135	13222.09	0.6	27150.25	2172	907.21
13	1067	763	18279.73	1.05	14871.08	5322	4227
15	620	546	17177.53	0.53	26767.15	2990	341
16	718	638	25511.08	0.81	19355.29	3915	2107.46
17	661	461	16045.1	0.64	23694.58	2429	30963.3
18	543	392	11149.18	1.39	23712.76	3449	3784
19	595	462	15430.29	1.06	28665.82	2787	730.44
20	529	395	11876.28	0.55	14997.78	2296	663.83
21	910	760	16510	0.94	11666.78	4244	1377.9
22	1322	1177	14136.38	0.77	12006.72	3095	2665.98

图 4-1 "双高计划"院校产教融合投入与产出部分基础数据

(二) 探究"双高计划"院校产教融合效率的关联性

本研究对 42 所"双高计划"高职院校的产教资源整合效率进行了深入分析，特别关注了建设阶段、产出阶段以及整体运营效率之间的关系。研究发现，产出阶段的效率与整体运营效率之间的相关系数较高，这表明两者之间存在显著的正相关关系；而资源建设阶段与整体运营效率之间的相关系数相对较低，这可能意味着多数院校在产出阶段的运营上投入了更多的关注和资源。此外，资源建设阶段与成果产出阶段之间的相关系数并不显著，这表明这两个阶段在效率上可能相互独立，没有明显的线性关系。这些发现为理解"双高计划"高职院校在产教融合不同阶段的运营特点提供了重要依据。图 4-2 所示为"双高计划"院校产教融合效率分析部分数据。

B	C	D	E	F	G	H	I	J	K	L	M
DMU	ll Order in Ba	Score	al Price (DMU	al Price (DMU	al Price (DMU	al Price (DMU	al Price (DMU	al Price (DMU	al Price (DMU	al Price (DMU	al Price (DMU
01	1	0.666007925	7.58725E-05	0.000282572	1.80129E-06	0.060240964	8.74164E-07	-1.84945E-05	-4.8131E-06	-1.59337E-05	-0.000139082
02	2	0.872048285	0.000442669	9.13242E-05	5.68076E-06	0.060240964	8.74164E-07	-9.07467E-05	-3.23725E-06	-1.59337E-05	-0.000202962
03	3	0.820233381	0.000194971	0.000312023	1.80129E-06	0.060240964	8.74164E-07	-6.64778E-05	-3.23725E-06	-1.59337E-05	-0.000139082
04	4	1	7.58725E-05	0.000259861	1.80129E-06	0.060240964	8.74164E-07	-1.84945E-05	-3.23725E-06	-1.59337E-05	-0.000510326
05	5	1	0.000140584	9.13242E-05	3.13025E-06	0.060240964	8.74164E-07	-8.15054E-05	-3.23725E-06	-1.59337E-05	-0.000139082
06	6	0.799473814	0.000387902	9.13242E-05	1.80129E-06	0.060240964	8.74164E-07	-6.78767E-05	-3.23725E-06	-1.59337E-05	-0.000139082
07	7	1	0.00010611	9.13242E-05	9.0657E-06	0.060240964	8.74164E-07	-1.84945E-05	-3.23725E-06	-1.59337E-05	-0.000182709
08	8	1	0.000249279	9.13242E-05	9.87126E-06	0.35142763	8.74164E-07	-0.000103196	-3.23725E-06	-1.59337E-05	-0.000182709
09	9	0.84299289	7.58725E-05	9.38842E-05	1.80129E-06	0.461362284	8.74164E-07	-7.68136E-05	-3.23725E-06	-1.59337E-05	-0.000139082
10	10	1	7.58725E-05	9.13242E-05	1.80129E-06	1.838903797	8.74164E-07	-0.00023148	-5.41858E-06	-2.68281E-05	-0.000139082
12	11	1	7.58725E-05	0.000735438	1.80129E-06	0.060240964	8.74164E-07	-7.07948E-05	-5.41858E-06	-2.68281E-05	-0.000202778
13	12	0.913168673	7.58725E-05	0.000489109	1.80129E-06	0.060240964	2.94944E-06	-7.93948E-05	-3.23725E-06	-1.59337E-05	-0.000202778
15	13	0.89488634	7.65568E-05	9.13242E-05	1.80129E-06	0.463373944	8.74164E-07	-7.68747E-06	-3.23726E-06	1.59337E-05	-0.000139082
16	14	0.000491901	0.00029463	9.13242E-05	1.80129E-06	0.060240964	2.65642E-06	-6.00257E-05	-3.23725E-06	-1.59337E-05	-0.000139082
17	15	1	0.000249476	9.13242E-05	1.80129E-06	0.060240964	8.74164E-07	-4.84945E-05	-5.67174E-06	-1.59337E-05	-0.000139082
18	16	1	0.000175722	0.000657684	1.80129E-06	0.060240964	5.82999E-06	-0.000120001		-2.1501E-05	-0.000365773
19	17	1	7.58725E-05	0.000304329	1.80129E-06	0.060240964	8.74164E-07	-4.84945E-05	-3.23725E-06	-1.59337E-05	-0.000139082
20	18	0.895727884	7.58725E-05	0.00043441	1.80129E-06	0.060240964	1.10556E-06	-6.46826E-05	-3.23725E-06	-1.59337E-05	-0.000139082
21	19	0.862911759	7.58725E-05	9.13242E-05	1.80129E-06	0.060240964	6.27038E-06	-2.44839E-05	-3.23725E-06	-1.59337E-05	-0.000139082
22	20	1	7.58725E-05	9.13242E-05	1.80129E-06	0.060240964	2.74745E-06	-4.99835E-05	-3.23725E-06	-1.59337E-05	-0.000459313

图 4-2 "双高计划"院校产教融合效率分析部分数据

(三) 细化分析"双高计划"院校产教融合的效率构成

在审视"双高计划"高职院校的产教融合效率的同时，进一步将综合效率分解为规模效率和纯技术效率两个维度。这种分解有助于识别效率低下的具体原因，即规模效率不足可能指向资源投入的不足，而纯技术效率的不足，则可能反映出管理和技术层面的薄弱，以及资源未被充分利用的问题。产教融合的效率不仅取决于投入和产出的数量，还与资源配置的效能、结构紧密相关。在资源配置中，投入的冗余比产出的不足更应受到关注，因为"双高计划"院校在初期阶段往往注重加大投入，如基础设施建设和教育教学管理的提升，这些长期发展的必要投入可能会在短期内影响办学效益。同时，随着建设的推进，也需要对先前的投入进行效益补偿。此外，高职院校在产教融合过程中对投入和产出的综合管理不仅影响着产出的质量和效率，也关系到学校整体治理水平的提升。

第五章

借鉴反思：高等职业教育产教融合绩效评价的实践分析

第一节　德国职业教育产教融合绩效评价实践分析

高职院校将与产业紧密相关的专业课程融入教学体系，为学生搭建了实践与技能锻炼的平台。在专业教师的引领下，学生得以在生产管理中将理论与实践相结合，在深化专业知识理解的同时，也增强了解决实际问题的能力。此外，校企深度合作与产教融合还促进了学生创新精神与创造力的培养，鼓励他们勇于尝试与创新。这正是高等职业教育所追求的创新人才培养目标与发展路径。同时，学校通过设立专业产业，让学生参与生产经营，不仅获得经济效益，也为工学结合提供了有利条件。而各国在实施产教融合绩效评价时，采取的政策与做法各异，但均拥有完整的法律监督体系，全面监督产教融合各方面的实施情况。

一、德国产教融合绩效评价前期的职业教育及相关立法

德国的校企合作和产教融合管理主要通过自上而下的立法进行监督管理，其法律和监管体系相对完整、结构严密、协调一致，能够为产教融合的资金使用和政策实施提供全面保障。德国的职业教育产教融合体系具有一套完善的立法、司法、行政和社会监督机制，确保了产教融合的依法治理和健康发展。德国政府和行业组织在监督、评价和指导方面发挥重要作用，相关法律法规在校企合作和产教融合方面起到了关键作用。德国政府规定，联邦和地方政府以及相应的行业组织有权

监督企业和高等教育机构,确保产教融合的顺利进行。行业协会在规范行业生产、销售行为和保护会员利益方面具有特殊作用,同时也监督产教融合的机构和部门。德国政府还成立了工业合作管理协会,以控制和监督企业和大学,促进产教融合的有效实施。这些措施共同构成了德国职业教育产教融合的治理体系,为其职业教育的高质量发展提供了坚实的基础。在操作方面,根据德国《职业教育法》的规定,严格执行"员工必须首先接受正规职业教育"的要求。没有正式的职业培训,他们就不被允许从事职业生涯。据统计,现实生活中 95% 的就业人员遵守这一法律规定。

德国通过《职业教育法》为产教融合提供了明确的法律框架,要求教育机构和相关组织承担起相应的责任,共同推进产教融合的实施,并将此作为双元制教育体系的核心要素。各州的教育管理机构也通过签订合作协议,强调了职业院校与企业合作的重要性,以确保职业教育与产业需求紧密结合,共同培养高素质的技术技能人才。《职业教育法》对德国职业教育体系的发展起到了关键的推动作用,随后德国还制定了一系列配套的法律法规,包括《企业基本法》《培训师资格条例》《青年劳动保护法》《职业教育促进法》《手工业条例》和《培训教师资格条例》等,这些法律法规共同构成了德国职业教育的法律支撑体系,确保了职业教育的规范化、制度化和高质量发展。这些法律文件不仅规定了职业教育的具体实施细则,还明确了政府、行业和企业在职业教育中的权利与义务,为职业教育的顺利进行提供了坚实的法律基础,真正保证了职业教育有法可依,依法治理,违法必究。这为职业教育的管理和运营提供了法律保障,促进了职业教育的健康有序发展。德国的《联邦德国基本法》明确规定国民生产总值的 1.1% 和工资总收入的 2.5% 用于职业教育。即使德国在第二次世界大战之后面临经济困难,政府也保证为职业教育提供资金,并授权议会进行监督管理。

《联邦德国基本法》与《劳动促进法》等法规,明确了职业教育的投入要求,其中企业承担高达 80% 的职业教育总投入,彰显了企业在职业教育中的核心地位。德国还设立了专项资助计划,确保资助来源清晰且全面落实。为践行产教融合理念,德国通过了一系列法律,构建了涵盖联邦职教所决策委员会、各州职业教育委员会、基层职业教育机构,以及职业教育与继续教育联盟等多方协作的管理架构。这些机构共同参与人才培养体系的监管,确保了产教融合的顺利进行。德国政府还特别强调了行业协会在职业教育中的监督作用,确保产教融合的机构和部门能够遵循既定的规范和标准。行业协会的职能不仅限于规范行业的生产和销售行为,保护会员的利益,还包括对产教融合实施的监督,确保教育质量和行业需求的紧密结合。

德国的教育体系非常全面，一般包括基础教育、职业教育、高等教育和成人教育四类。职业教育在整个教育体系中起着重要作用，是学生继续深造和就业的主要渠道。小学毕业后，学生将进行第一轮分流，其中包括四种类型的学校：普通中学（5～6年制课程，大多数学生毕业后加入职业学校）、文理中学（通常为9年制课程，准备进入普通大学）、实验中学（介于普通中学和文科中学之间）和综合中学（前三种学校的组合）。这有助于初步确定未来就业和继续教育的基本方向，目标明确。初中毕业后（5年或6年制课程），学生将接受第二轮分流。根据不同专业的要求和自己的意愿，一些学生将被提升到文理学院的高中系（有资格进入高等教育机构）。由于职业学校具有明显的就业优势，大多数学生选择在职业学校接受职业教育（或企业培训），导致德国职业教育大规模发展。

二、德国产教融合绩效评价运行期的"双元制"教育

德国的"双元制"教育是一种独特的职业教育模式，要求参与者在职业学校和企业两个场所接受培训。该体系融合了学校教育与企业实践，其中职业学校负责传授专业知识，而企业或公共机构则负责实际职业技能的培训。学生在企业与职业学校间交替学习，确保理论知识与实践技能的深度融合。在培训期间，企业不仅提供生活补贴，还为学生购买社会保险，包括劳动、疾病和意外保险，并赋予学生与员工相同的假期权利。完成培训后，学生有机会直接成为企业正式员工，并获得学校毕业证书及德国商会（AHK）的技术认证证书，实现双重认证。德国政府通过立法确立"双元制"职业教育体系，并设立"产业合作委员会"等机构促进校企合作与产教融合。这一模式为学生、企业和政府带来共赢：企业按需培养人才，降低招聘成本；学生毕业后快速融入企业，提升生产力，减少企业培训开支。政府则通过提升就业率和促进社会稳定来受益。德国职业教育的成功源于多方面因素，包括社会对职业教育的认可、法律政策的支持、学生的积极参与、教育体系的灵活性、低失业率及经济高速发展。该教育模式被视为高等教育的一种"理念"，通过工厂实际运营环境，强化学生与市场的联系，帮助学生明确专业就业前景与方向。

德国"双元制"教育体系的本质是为年轻人提供职业培训，使他们掌握专业技能，而不仅是提供职业培训。德国的"双元制"职业教育体系注重培养学生的全面职业技能，包括基础的专业技能、社会能力以及更为广泛的综合职业能力。这种综合职业能力是跨学科的，对学生的长远职业发展至关重要。在"双元制"体系下，学

生不仅能学习特定岗位所需的专业技能,而且能够掌握处理整个专业领域内各类工作任务的能力。这意味着他们在接受培训时,不仅是专注于单一的工作职能,而是获得了全面的专业技能,使他们能够在多变的工作环境中灵活应对,大大提高了他们的适应能力,为他们的人生道路奠定了基础。德国的"双元制"作为德国进行产教融合的主要方式,在职业教育领域的成效显著,其成功得益于在相关法律法规方面的严格指导,通过广泛实践,取得了显著的人才培养经验。

"双元制"作为一种成功的职业教育模式,为德国的经济发展作出了不可或缺的积极贡献,在确保德国工人的高素质、产品的高质量和国民经济在国际上的持续发展的竞争力方面发挥了十分重要的作用。德国的"双元制"严格遵循人才培养的市场需求,将国家、社会、企业和个人的发展纳入职业教育过程,实现个人、企业和社会利益最大化,以应用性和针对性的方式为职业教育的发展注入活力。为确保高等职业教育目标的实现,"双元制"将知识和技能分为几个单元,形成模块化的综合课程体系,强调知识的广度和实用性,将知识和技巧有机结合,避免重复,强调培养学生的职业技能,使学生能够很好地掌握专业,毕业后立即进入劳动力市场。

德国"双元制"职业教育模式主要有以下几个特点:理论教育与生产实践紧密结合;政府资助与企业广泛参与相结合;专业培训与严格考核相结合;通识教育与职业培训相结合。德国教育体系的一个显著特点是其灵活性和多样性,体现为学生在不同教育阶段都有机会进行教育路径的转换。在接受了基础教育之后,学生可以根据个人兴趣和职业规划,从普通教育体系转向职业教育体系,或者反之。这种教育分流机制为学生提供了多样化的选择,使他们能够根据自己的职业目标和市场需求调整学习路径。在"双元制"职业教育体系中,完成职业培训的学生有机会通过补习文化课,进而进入大学或其他高等教育机构深造。这种机制不仅为学生提供了职业技能培训,还为他们未来的学术发展和职业晋升提供了可能。近年来,越来越多的普通教育毕业生,即使已经具备了大学入学资格,也选择先接受"双元制"职业培训。这样做的目的是,在正式进入高等教育之前,先获得一定的工作经验和专业技能。

在德国的高等职业教育体系中,学生的来源多样化,不仅包括通过职业学校体系培养的毕业生,也涵盖了文理中学和综合中学的毕业生。这些学生在进入高等职业教育之前,需要完成一定的实习前准备,以满足专业学习的入门要求。特别是对于那些需要实践经验的专业,学生可能被要求在中学阶段就开始进行职业规划和实习,以便更好地适应未来的教育和职业发展。德国的职业教育体系中,行业协会扮演着关键角色,它们参与产教融合的各个环节,包括但不限于确定企业参与职业教育的资格、管理学生与企业的实习合同等。在评估和评价方面,行业协会负责组织职业资格证书的考试和评价工作,确保了评估的严谨性和证书的权威性。这种严格的评估和考核机制,提升了职业资格证书的含金量。德国的职业资格证书培训和考试不收取费用,这一政策消除了经济障碍,确保了评估考试的公正性和高质量,同时也使得这些证书在德国乃至整个欧盟地区都得到了广泛的认可和应用。这种教育和培训的模式,不仅为学生提供了平等的学习机会,也为德国的经济发展培养了大量高素质的技术技能人才。

三、德国产教融合绩效评价在推进期的宏观层面评价分析

德国的"双元制"人才培养模式采用企业和学校的双元双主体教育模式,为德国工业培养了技术型技能人才。由此可见,德国工业的发展与其对职业教育的重视密切相关。德国"双元制"的驱动机制主要体现为德国职业教育立法的制度保障和为"双元体制"参与企业提供教育报酬。在制度层面,它为行业、企业和商会等利益相关者提供了外部激励,而教育报酬则为行业、企事业部门提供了相应的内部激励。德国的职业教育体系中,校企合作是其核心组成部分,这一合作模式在法律、资金和人才培养等方面都有明确的规定和支持。德国企业普遍认为培训员工是其生存和发展的重要前提,因此愿意承担培训员工的费用。德国大学和企业之间的合作资金主要由政府和企业共同承担,为企业提供经济支持是校企合作的重要保障。然而,并非所有企业都能获得培训资金,只有符合条件的培训企业和企业培训中心才能获得。资金的差异取决于培训年限、地区经济发展水平和企业规模等因素。企业获得全额培训补贴的前提是培训的职业和发展趋势符合要求。在正常情况下,企业获得50%~80%的培训补贴。当然,德国的"双元制"并不完美,也存在企业参与度相对较低的情况。

随着全球经济的不断发展和产业结构的深刻变革,产教融合已成为推动经济增长、提升教育质量的重要途径。德国作为世界上职业教育最为发达的国家之一,其产教融合模式备受瞩目。下面分析德国产教融合绩效评价的现状、特点及其影响因素,以期为我国的产教融合提供借鉴和参考。

德国产教融合绩效评价主要围绕人才培养质量、科研成果转化、企业满意度等方面展开。其中,人才培养质量是评价的核心,包括学生的职业素养、专业技能、创新能力等方面。科研成果转化则是评价产教融合实效性的重要指标,反映了学校与企业合作的紧密程度以及科研成果的市场价值。企业满意度则是对产教融合效

果的直接反馈,体现了学校与企业合作的默契程度。

(一)德国产教融合绩效评价的特点

第一,强调实践导向。德国产教融合绩效评价注重学生的实践能力和职业素养的培养,鼓励学生参与企业实习、实训等活动,以提高学生的实际操作能力和职业素养。

第二,突出企业参与。德国产教融合绩效评价强调企业的主体地位,鼓励企业参与人才培养、课程设置、教学评价等各个环节,以实现学校与企业的深度合作。

第三,注重综合评价。德国产教融合绩效评价不仅关注学生的学术成绩,更关注学生的职业素养、团队合作能力、创新能力等多方面的素质。同时,也注重科研成果的市场价值和企业满意度等综合评价指标。

(二)德国产教融合绩效评价的影响因素

第一,政策环境。德国政府高度重视职业教育和产教融合的发展,制定了一系列相关政策措施,为产教融合提供了良好的政策环境。

第二,校企合作机制。德国产教融合绩效评价的顺利实施得益于校企之间的紧密合作机制。学校与企业之间建立了稳定的合作关系,共同制订人才培养方案、教学计划等,确保了人才培养与产业发展的紧密结合。

第三,评价体系构建。德国产教融合绩效评价体系的构建充分考虑了人才培养、科研成果转化、企业满意度等多个方面,确保了评价结果的全面性和客观性。

(三)德国产教融合绩效评价的启示

第一,加强政策引导。政府应加强对产教融合的政策引导和支持,制定更加完善的政策措施,为产教融合提供有力的政策保障。

第二,深化校企合作。学校和企业要进一步深化校企合作机制,建立更紧密的合作关系,共同制订人才培养方案与教学计划,确保人才培养与产业发展的紧密结合。

第三,完善评价体系。应构建更加全面、客观、科学的评价体系,充分考虑人才培养、科研成果转化、企业满意度等多个方面,确保评价结果的准确性和有效性。

德国产教融合绩效评价在促进人才培养、科研成果转化、企业满意度等方面取得了显著成效。其成功的原因在于政策环境、校企合作机制、评价体系构建等多个方面的共同作用。由此可借鉴德国的经验做法,加强政策引导、深化校企合作、完善评价体系等方面的建设,以推动我国产教融合的深入发展。

第二节 日本职业教育产教融合绩效评价实践分析

一、日本产教融合绩效评价前期的产学官教学模式

日本是一个人口稠密的国家,需要通过知识资源来有效创造产品的附加价值。因此,企业、学校采取政府联动的产学官合作模式是知识经济时代下日本经济发展的必然选择。日本在推动职业教育发展方面采取了企业内培训、学校教学和政府支持三方联合的模式,即产学官合作。

关于产学官合作的提法也经历了一个复杂的过程,在 20 世纪 80 年代之前的文献中,日本的学术体系将其称为"学术界、政府和工业界的一体化",即学官产,其中,学术界是指大学及其研究机构,工业界是指企业。"学官产"的概念最早出现在日本工商联自 1981 年以来实施的"下一代工业基础技术研发制度"中。其核心内容是确保政府、行业和学术界的合作和优势得到充分利用。近年来,"学官产"一词已成为"产学官",有时只是强调产学合作的重要性。这意味着民营企业的学术研究活动在日本经济社会发展战略中得到了提升。

日本有自己独有的产学官人才培养模式。通过企业内培训、学校教学和政府支持的三方合作模式,有效地推动了职业教育的发展,特别是在高精尖技术领域的人才培养上。政府通过立法确保了对职业教育的持续投入和质量把控,同时,行业协会作为第三方评估机构,参与产教融合活动,确保了职业资格证书的价值和权威性。这种教育模式不仅为日本培养了大量高素质的技术工人,也为经济发展和国际竞争力的提升作出了重要贡献,体现了日本对职业教育的重视和对产教融合模式的成功实践。这一文化传统和模式使日本迅速恢复本国的经济,在世界经济体系中占有重要地位。在日本的职业技术教育体系中,企业扮演着核心角色,其中企业教育尤为突出。许多大型企业都建立了自己的培训机构,即"工学院",这些学院不仅致力于培养企业所需的专业技术人才,以满足其业务发展的需求,还向客户提供专业的技术培训服务。在这种教育模式下,企业内部的技能培训占据了主导地位,而学校教育则作为辅助,为学生提供理论知识和基础技能的学习,以确保教育内容与企业实际需求的紧密结合。这种以企业为主导的职业教育方式,有效地促进了学生实践技能的提升,并为企业培养了一大批高素质的技术人才。

日本的高等教育机构更加重视学生的职业技术教育。鉴于高职院校密切与社会联系,企业和政府将需要先解决的问题委托给职业学校,各学校将与行业、学术界和政府形成联合项目,来共同解决问题。产学官中的"产"主要指企业,即产业界,"官"主要指政府,"学"主要指大学等学术机构,即学术界。产业界、学术界和政府三方的协同创新与创业教育模式通过企业、高等教育机构和政府部门的紧密合作,共同培育符合行业需求和社会发展趋势的技术型人才。在这种合作框架下,学术机构向企业输送最新的研究成果和理论知识,而企业则将实际的技术和市场需求反馈给学术机构,特别是直接向学生传授行业前沿的应用技能和实践经验。这种双向互动不仅促进了学术研究与产业实践的紧密结合,还确保了教育内容的实时更新和教育目标的精准对接,从而实现了教育资源的有效利用和人才培养的高效输出。政府通过出台政策和建立专门机构,在维护和促进这种关系方面发挥着主导作用。

日本产学官合作模式的演变历经三个阶段,各具特色。初期阶段(第二次世界大战后至 20 世纪 70 年代初),日本政府放宽了大学与企业的合作限制,这一政策转变间接加速了产学合作,为日本经济复苏注入了活力。进入成长期(20 世纪 80 年代初至 80 年代末),日本技术实力显著增强,政府积极推动传统产业向高科技产业转型,并着力培养技术人才,引领经济空前繁荣。随后是转型与成熟期(20 世纪 90 年代初至今),泡沫经济破裂后,日本政府开始改革经济体制,出台多项政策,如 1995 年的《科学技术基本法》和 1998 年的《大学技术转移促进法》,促进高科技产业发展和人才培养,标志着产学合作模式逐渐走向成熟。进入 21 世纪,日本已构建起产学政协同创新创业的框架,有效培育了创新创业人才,推动了经济发展。与日本相比,美国、德国等国的产学合作模式虽各有千秋,但日本模式的显著特点是政府的强有力领导,确保了政策连贯性和合作高效性。

泡沫经济崩溃后,日本政府提出的"科技立国"和"知识产权立国"战略,更是突显了对高科技人才培养和知识产权保护的高度重视。政府对科技发展和高等教育进行了一系列的改革,以促进其在产学官合作模式中的领导作用。这些改革包括 1995 年的《科学技术基本法》、1998 年的《大学技术转移促进法》以及 2002 年的《独立行政法人科学技术振兴机构法》等。通过这些政策和法律,鼓励企业与高等教育机构合作,确保了产学合作的资金支持,并且推动了国立大学的公司化,形成了以产学为主体、政府为主导的合作模式。此外,日本政府还强调了产学官合作中职责分工的明确性,确保了合作的高效和顺畅。通过这些措施,日本政府不仅促进了产学官合作,还加强了知识产权的保护和运用,从而推动了经济的发展和科技创新,形成优势互补的协调机制。政府建立产学官合作机构,解决了高校科研机构与企业之间信息不对称、科研人员积极性低的问题,促进了企业与高校之间的信息交流,增强了创新创业教育的针对性,提高了学生的实践能力。此外,制度机制的法制化也是一个主要特征。

二、日本产教融合绩效评价运行期的法律保障基础

在日本,工业、教育和官方合作非常重视法律的作用。国家通过立法和完善相关法律,使用强制手段,确保这种模式在各个方面得到实施,并通过相关激励政策提高积极性,促进创新创业的发展。根据文部科学省的资料数据显示,总体而言,每个研究项目的成本和数量都呈上升趋势,与 21 世纪初相比,在过去十年中增长了数倍。可以看出,日本产学官的创新创业模式取得了良好的成效,并正在稳步发展。一方面,随着科研投入成本的不断增加,国家高校与企业之间的合作热情也在不断高涨,促进了技术转让。与此同时,日本政府逐年加大知识产权保护力度,确保作者的权利,激发他们的创作欲望。此外,研究机构和技术转让机构的建设不断完善,使产业界、学术界和政府之间的联系更加紧密,信息流动更加顺畅。另一方面,政府在知识产权研究和保护方面的投资极大地鼓励了人才的培养,形成了一套有效的人才培养体系。日本共有 778 所大学,其中技术类院校占比 16%。其高等职业教育产教融合的主要模式涵盖:企业与高等教育机构签订委托协议、共同研发项目并由企业出资;在人才培养上,双方交流深化,学校邀请企业技术人员参与教学指导,企业则邀请"双师型"教师考察,并接纳学生实习。此外,企业如东芝投资350 万美元在川汽建立技术培训中心,为学校提供培训基地。日本产教融合的稳定发展得益于政府数十年来持续出台和完善的政策。校办产业不仅为学生提供优质学习平台,产业支持也为高职院校提供了资金后盾。

日本产教融合策略也在立法层面有所体现,如《产业教育振兴法》和《职业训练法》均规定了对违法行为的处罚措施。国家意志与高等教育发展是产教融合的核心理念,而时代与现实挑战则构成了产教结合的基础。政府通过政策和立法,强调各级政府的权力,构建了从中央至地方的完整专业能力发展体系,既利于现有法律实施,也便于宏观管理。日本法律还明确规定,财政支持是产教融合可持续发展的关键,要求各级政府、高校、企业设立专项资金,实施税收优惠政策,以保障产教融合的深入发展。

三、日本产教融合绩效评价在推进期的宏观评价分析

在全球化和知识经济的大背景下,产教融合作为推动教育与产业深度融合、促进人才培养与经济社会发展相适应的重要途径,日益受到各国政府的重视。日本作为世界上职业教育和产业技术发展的领先国家,其产教融合模式在国际上享有盛誉。分析日本产教融合绩效评价的现状、特点、影响因素及启示,以期为我国的产教融合提供有益的借鉴和参考。

日本产教融合绩效评价是在其独特的职业教育和产业技术发展背景下产生的。日本职业教育体系完善,强调实践与理论的结合,为产业提供了大量高素质的技能型人才。同时,日本的企业也十分注重人才培养和科技创新,与高校和研究机构建立了紧密的合作关系。这种背景下,产教融合绩效评价应运而生,旨在全面评估产教融合的实际效果,为改进和优化产教融合模式提供有力的支持。

产教融合绩效评价的意义:首先,它有助于全面了解产教融合的现状和存在的问题,为制定更加科学合理的政策提供依据;其次,它有助于促进学校、企业和政府之间的沟通与协作,推动产教融合向更深层次发展;最后,它有助于提升人才培养的质量和效率,满足产业发展的需求,促进经济社会的持续发展。

(一)日本产教融合绩效评价的现状

第一,评价体系构建。日本产教融合绩效评价体系涵盖了教育质量、实践能力、产业发展等多个方面。其中,教育质量主要关注学校的课程设置、教学方法、师资力量等方面;实践能力主要考察学生在实训基地的实际操作能力、解决问题的能力、团队合作能力等方面;产业发展则关注产教融合对产业发展的推动作用,包括技术转化、创新能力提升、企业满意度等方面。

第二,评价方法。日本产教融合绩效评价采用定量与定性相结合的方法。定量评价主要通过收集和分析相关数据,如毕业生就业率、薪资水平、企业满意度等,来评估产教融合的实际效果。定性评价则通过深入访谈、问卷调查等方式,了解学校、企业、政府等各方对产教融合的看法和建议,为改进和优化产教融合模式提供有益的参考。

第三,评价主体。日本产教融合绩效评价的主体包括学校、企业、政府等多个方面。学校作为产教融合的主要实施者,负责对自身的教育质量和实践能力进行评价;企业作为产教融合的重要参与者,负责对学校的人才培养质量和实践能力进行评价;政府则作为产教融合的推动者和监管者,负责对整个产教融合过程进行监

督和评价。

(二)日本产教融合绩效评价的特点

第一,多元化评价主体。日本产教融合绩效评价的主体多元化,包括学校、企业、政府等多个主体。这种多元化的评价主体能够全面反映产教融合的实际效果,避免单一评价主体可能带来的片面性。同时,多元化的评价主体还能够促进学校、企业和政府之间的沟通与协作,推动产教融合向更深层次发展。

第二,量化与定性相结合。日本产教融合绩效评价采用量化与定性相结合的方法,既注重客观数据的收集和分析,又注重深入访谈、问卷调查等主观信息的收集和分析。这种结合能够更全面地反映产教融合的实际效果,为改进和优化产教融合模式提供有力的支持。

第三,强调实践导向。日本产教融合绩效评价强调实践导向,注重学生的实践能力培养。在评价过程中,日本注重学生在实训基地的实际操作能力、解决问题的能力、团队合作能力等方面的表现,以确保学生毕业后能够迅速适应产业需求。这种评价方式有助于提高人才培养的质量和效率,满足产业发展的需求。

(三)日本产教融合绩效评价的影响因素

第一,政策环境。政策环境是影响日本产教融合绩效评价的重要因素之一。日本政府高度重视职业教育和产教融合的发展,制定了一系列相关政策措施,为产教融合提供了良好的政策环境。这些政策不仅为产教融合提供了资金支持和税收优惠,还明确了评价的目标和标准,为评价工作提供了明确的指导。

第二,校企合作机制。校企合作机制是影响日本产教融合绩效评价的关键因素之一。日本建立了紧密的校企合作机制,学校与企业之间建立了良好的合作关系。这种合作关系使得学校能够更好地了解企业的需求,调整教学内容和教学方法,以适应产业发展的需求。同时,企业也能够为学生提供实习、实训等机会,提高学生的实践能力。这种合作模式有利于推动产教融合的深入发展,提高评价工作的准确性和有效性。

第三,评价体系构建。评价体系构建是影响日本产教融合绩效评价的重要因素之一。日本产教融合绩效评价体系涵盖了教育质量、实践能力、产业发展等多个方面,形成了全面、客观、科学的评价体系。这种评价体系能够全面反映产教融合的实际效果,为改进和优化产教融合模式提供有力的支持。同时,评价体系的构建还需要考虑不同行业、不同地区的差异性,以确保评价结果的准确性和有效性。

(四)日本产教融合绩效评价的启示

在加强政策引导和支持方面,政策引导和支持是推动产教融合发展的重要保障。我国政府应加强对产教融合的政策引导和支持，制定更加完善的政策措施，为产教融合提供良好的政策环境。同时，政府应加强对评估工作的监督与管理，保障评估工作的公平性和客观性。在深化校企合作机制方面，校企合作是推动产教融合向更深层次发展的关键。我国应深化校企合作机制，建立更加紧密的合作关系。通过加强合作，学校可以更好地了解企业的需求，调整教学内容和教学方法；企业也可以为学生提供更多的实践机会，提高学生的实践能力。这种合作模式有利于推动产教融合的深入发展，提高评价工作的准确性和有效性。

在完善评价体系构建方面，评价体系构建是推动产教融合绩效评价工作的重要基础，是确保日本产教融合绩效评价全面、客观、科学的关键所在。在借鉴日本经验的基础上，我国可以从以下几个方面着手完善评价体系。第一，明确评价目标。需要明确产教融合绩效评价的总体目标，即促进教育与产业的深度融合，提升人才培养质量，推动经济社会发展。在此基础上，再具体细化到教育质量、实践能力、科研成果转化、企业满意度等具体指标。第二，多元化评价指标。评价指标应多元化，既要包括量化指标（如毕业生就业率、薪资水平、科研成果转化率等），也要包括定性指标（如学生职业素养、企业反馈意见、社会影响力等）。这样可以更全面地反映产教融合的实际效果。第三，动态调整评价体系。随着经济社会的发展和产教融合的深入，评价体系也需要不断进行调整和完善。应建立动态调整机制，根据产业发展趋势、企业需求变化等因素，适时调整评价指标和权重，确保评价体系的时效性和针对性。第四，强化第三方评价。引入第三方评价机构，可以提高评价工作的独立性和客观性。第三方评价机构可以从更加中立的角度对产教融合绩效进行评价，为政府、学校和企业提供更加客观、准确的参考信息。第五，注重评价结果的反馈与应用。评价结果的反馈与应用是评价工作的最终目的。应建立健全评价结果反馈机制，及时将评价结果反馈给学校、企业和政府等相关方，并根据评价结果提出改进意见和建议。同时，还应注重评价结果的应用，将评价结果作为制定教育政策、调整教学内容和教学方法、优化资源配置等的重要依据。

综上所述，日本产教融合绩效评价在促进教育与产业深度融合、提升人才培养质量、推动经济社会发展等方面发挥了重要作用。其成功的关键在于政策引导、校企合作机制、评价体系构建等多个方面的共同作用。我国可以借鉴日本的经验做法，加强政策引导和支持、深化校企合作机制、完善评价体系构建等方面的工作，以推动我国产教融合绩效评价工作的深入发展。

第三节　澳大利亚职业教育产教融合绩效评价实践分析

一、澳大利亚产教融合绩效评价前期基础

经过 100 多年的发展和转型,澳大利亚已经形成了其独特的职业教育和培训体系,其中 TAFE 学院名声在外最为有名,澳大利亚的产教融合也大多依附于此。TAFE 全称为 technical and further education,即技术与继续教育。TAFE 是澳大利亚职业教育体系的重要组成部分,是全球成功的职业教育模式,也是最具特色的职业教育模型之一。它是一个由澳大利亚政府、学生、TAFE 学院、企业和行业协会组成的综合性职业教育和培训体系,与中学和大学有效连接。

由于职业教育的实用性和职业性,职业教育中的人才培养必须以"能力本位"的方法为指导。能力本位教育源于 20 世纪 60 年代的美国,由教育家夸美纽斯在其著作中提出。该理论强调根据特定职位所需的能力体系来设计教育和培训。能力本位教育的实施通常包括以下五个步骤:职业分析、工作分析、能力分析、教学分析和教学实施。这种方法着重于培养学生的职业能力,鼓励学生发挥在教育过程中的自主性,采用多样化的教学方法,并以职业能力为标准来评估教育质量。到了 20 世纪 70 年代,能力本位教育的理念开始被广泛应用于职业教育领域。澳大利亚的技术与继续教育(TAFE)学院是能力本位教育的典范。其人才培养核心在于提升学生的实际工作能力,课程设置紧密贴合行业企业需求。在师资建设上,TAFE 要求教师定期参与行业实践,确保其所授技术知识的前沿性,以及自身拥有与之相匹配的实践教学能力。教学方面,TAFE 强调学生主体地位,教学质量评估侧重检验学生的能力,特别是分析与实操能力。依据学生的技能水平,TAFE 颁发相应级别的职业资格证书。此外,TAFE 体系秉持终身教育理念,不设年龄、能力或水平的限制,提供多样化教学方法,学生可按需自由选择课程。TAFE 突破传统课堂,构建以学习者与工作者需求为中心的终身教育体系,紧密连接职业教育与社会工作需求,既注重学术教育,更强调工作技能的培养。

TAFE 在澳大利亚的教育体系中扮演着关键角色,它对于推广普及教育、解决就业问题以及提升劳动力技能水平具有显著影响。TAFE 体系注重将学术学习与

职业技能培训相结合,重点培养学生的专业能力。TAFE 对招生年龄不设限制,提供灵活的教育和培训课程,允许学生根据自己的需求和时间安排选择课程。通过学分认证制度,TAFE 学生可自主选择提升技能、获取文凭及证书的路径,实现教育个性化。作为澳大利亚政府资助的职业教育与培训机构,TAFE 历经百年,由州政府建立运营,拥有健全的教学、证书及管理体系,成为企业员工和技术工人的重要培训基地。TAFE 提供广泛课程,学生经评估后可获得技能与学术证书,助力职业发展。

在澳大利亚职业教育体系中,TAFE 学院占据核心地位,采用多元教学策略满足不同学习者的需求,提供高标准教育服务。TAFE 学院摒弃一次性教育模式,采用"学习—工作—再学习"的循环式终身教育模式,强调教育的持续性和适应性,旨在培养学生的专业技能,使之与社会需求紧密对接。澳大利亚 TAFE 学院主要由企业主导,不仅参与教学计划制订,还决定着教育质量和学生培养。企业不仅为 TAFE 学院提供财政支持和培训设备,还在专业设置、教学计划及培训目标上拥有自主权。TAFE 学院的一级董事会中,董事长及多数成员由资深行业专家担任,体现了企业的主导作用。政府作为另一领导方,提供 50%～80% 的资金支持,促进 TAFE 学院深化校企合作。

二、澳大利亚产教融合绩效评价运行期基础建设

(一) TAFE 学院的机构设置

由于澳大利亚的教育行政体系均由各州管理,因此不同的州在机构设置上也略有差异。一般来说,TAFE 学院的组织结构分为三个层次:国家管理局、管理 TAFE 的国家和州行政机构(国家培训管理局和国家教育培训部)及 TAFE 学院级董事会。国家行政机构的成员由教育部长任命,任期 3～5 年。国家管理局主要由各行业代表组成,对 TAFE 发展过程中的重大问题做出宏观决策,进行宏观布局,规范和调整教育方向,如适应就业市场、满足企业需求、争取资金等。学院一级的董事会利用州政府提供的资金,对学院的教育规模、基础设施计划、人员安排、教育产品开发和筹资进行研究和决策。

(二) TAFE 学院的教学模式与评价方法

TAFE 学院的教学模式以学生为中心,实践为先。TAFE 学院提供实践和理论课程,但实践课程是主要重点。大多数职业培训是通过现场教学而不是课堂教

学进行的,例如,参加汽车维修培训的学生在实习现场而不是在课堂上学习。教师进行现场教学,并在向学生解释的同时提供指导。学生根据教师提供的内容和指导进行拆卸、维修、安装、涂漆等实际操作。对于参加缝纫培训的学生来说,操作室和教室位于同一地点。教师授课后,学生可以立即进行实际操作,并将所学知识应用于现场实践。学习与实践是密不可分的,学生通过实际操作来学习,同时在实践中深化学习。无论是理论学习还是技能训练,TAFE 的教学模式都强调以学生为中心、实践导向,致力于提升学生的实操技能。TAFE 学院不依赖一成不变的教科书,而是根据当地经济、社会和行业的需求来设计课程和教学内容。老师依据联邦政府和州教育培训部门的指导方针,自主选择教材和调整教学内容,这样的做法为学院提供了极大的教育灵活性和自主性。同时,TAFE 的教育体系和学习时间安排也具有高度的灵活性,以适应不同学生的需求。TAFE 的核心在于能力培养,其培训目标关注的是学生在培训结束后能够实际操作的能力。因此,学生的评价不仅包括理论知识的考核,更重视实际操作能力的评估。考试和评估通常包括现场操作环节,评估人员会根据学生的操作效率、准确性和适应性进行全面评价,确保评估过程的实用性和有效性。这种以能力为本的培训和评估方式,确保学生在完成学业后能够迅速适应工作环境,有效运用所学技能。

（三）TAFE 学院注重培养兼职教师

TAFE 学院不仅严格选拔和培训专职教师,对兼职教师的选拔和培训也极为重视。按规定,兼职教师需具备大学相关专业教育背景、教学专业资格证书,以及至少五年的行业经验和专业资格。例如,会计课程兼职教师必须为注册会计师。入选后,他们还需加入行业协会,定期参与技术交流,紧跟行业动态。全职教师与兼职教师共同构成了专业师资队伍,通过定期的专业课程研讨会,共享教学经验,实现优势互补与融合。

在 TAFE 学院,兼职教师占比高达 2/3,他们凭借丰富的行业经验和专业知识,对行业前沿动态有着独到见解。尽管这些兼职教师在专业技能上造诣深厚,但可能缺乏系统的教学培训,因此需接受额外的教学技能培训,以更好地胜任教育教学工作。TAFE 学院教师队伍的一个显著趋势是全职教师数量的减少和兼职教师数量的增加。这种变化有助于提升教师的积极性和主动性,鼓励他们不断提升个人的专业技能和教学水平。澳大利亚政府在 20 世纪 90 年代减少了对教育的投资,导致全职教师的招聘变得困难,这促使 TAFE 学院更多地依赖兼职教师来缓解师资短缺的问题。在招聘兼职教师时,TAFE 学院特别看重他们的实际工作经验、专业技术资格和现场操作技能。这些标准确保了教师团队能够将理论与实践相结合，为学生提供高质量的教育。然而，仅有专业技能是不够的，教师还需要具备一定的教育教学能力。因此，兼职教师在正式上岗前需要接受一定时间的教师教育，以满足教学岗位的要求。虽然专职教师和兼职教师的结合对提高教学质量有积极作用，但两者的比例需要合理规划。TAFE 学院正在研究如何确定最佳的教师配置比例，以优化全职和兼职教师的组合，确保教学效果的最优化。通过这种优化，学院能够更有效地利用教师资源，提高教育质量，满足学生的学习需求。

（四）TAFE 学院教师积极参与企业培训

TAFE 学院的教师通过参与行业企业的培训，不仅能够紧跟行业的最新动态和技术进步，还能够将这些最新的行业知识和技术应用到教学中，为学生提供最前沿的教学内容。这种紧密的校企合作促进了教育资源与行业需求的有效对接，增强了学院与企业之间的互动。企业在 TAFE 学院教师的专业发展中扮演着重要角色，通过提供实习平台和技术支持，显著提升了教师的专业技能和教学水平。企业还参与教师的招聘和选拔过程，有时甚至派遣具有专业技术背景的学生到学院进行教学或担任兼职教师。此外，企业培训咨询委员会和其他相关机构在教师培训、继续教育和学习资源的提供上发挥了关键作用。TAFE 学院为教师提供的培训分为职前培训和在职培训两大类。职前培训通常由大学或其他培训机构实施，旨在帮助新教师掌握必要的教育教学知识和技能。在职培训则包括由高校或劳动部门提供的教育或职业资格培训，以及企业安排的技术实践培训，以提升教师的实际操作能力。政府对教师培训的重视体现在每年的财政拨款上，确保教师培训工作的持续进行。TAFE 学院还鼓励教师参与国际交流，通过奖金、带薪休假等激励措施，表彰和鼓励优秀教师和团队。学院利用丰富的信息资源，如在线课程、电子图书系统、职业教育培训网站和免费教育期刊，为教师提供多样化的学习和发展途径，从而不断提升教师的专业能力和整体素质。

三、澳大利亚产教融合绩效评价推进期宏观评价与现实推进

在全球化和知识经济的浪潮中，产教融合作为促进教育与产业深度融合、提升国家竞争力的关键策略，受到了各国的高度重视。澳大利亚作为一个教育体系和产业结构均高度发达的国家，其产教融合模式及绩效评价机制在全球范围内具有

显著的影响力。下面探讨澳大利亚产教融合绩效评价的现状、特点、影响因素及启示，以期为我国的产教融合实践提供有价值的参考。

澳大利亚的产教融合模式根植于其独特的教育体系和产业结构之中。该国拥有世界领先的高等教育体系，强调理论与实践相结合，注重培养学生的创新能力和实践能力。同时，澳大利亚的产业结构多样且高度发达，为教育与产业的深度融合提供了广阔的空间。产教融合在澳大利亚的意义重大，它不仅有助于提升人才培养质量，满足产业发展需求，还能促进技术创新和产业升级，推动经济社会持续健康发展。

（一）澳大利亚产教融合绩效评价的现状

第一，评价体系。澳大利亚产教融合绩效评价体系的构建注重全面性和科学性。评价体系通常包括教育质量、学生实践能力、科研成果转化、企业合作满意度等多个维度。教育质量方面，关注课程设置、教学方法、师资力量等；学生实践能力方面，强调实习实训、项目参与等实践经验的积累；科研成果转化方面，考察产学研合作项目的成果及其市场应用情况；企业合作满意度方面，则通过企业反馈、合作项目成效等评估产教融合的实际效果。

第二，评价方法与技术。澳大利亚在产教融合绩效评价中采用多种方法与技术，以确保评价结果的客观性和准确性。量化评价方面，通过收集和分析相关数据，如毕业生就业率、薪资水平、科研成果转化率等，量化评估产教融合的效果。在定性评价方面，则通过深度访谈、案例研究等方式，深入了解产教融合过程中的具体问题与挑战。此外，澳大利亚还强调使用大数据分析、人工智能等现代信息技术方法，提高评估工作的效率和准确性。

第三，评价主体与参与机制。澳大利亚产教融合绩效评价的主体多元，包括政府、学校、企业、行业协会等。政府作为主导者，负责制定评价政策、标准和指南；学校和企业作为实施主体，负责具体开展产教融合活动并提供相关数据和信息；行业协会则发挥桥梁纽带作用，促进各方沟通与协作。在参与机制上，澳大利亚注重建立开放、透明的评价平台，鼓励各方积极参与评价过程，共同推动产教融合绩效评价工作的深入发展。

（二）澳大利亚产教融合绩效评价的特点

第一，注重实践与创新的结合。澳大利亚产教融合绩效评价强调实践与创新的紧密结合。在评价过程中，不仅关注学生的实践能力培养情况，还注重评估产学研合作项目中的创新成果及市场应用潜力。这种评价方式有助于激励学校和企业加强合作，共同推动技术创新和产业升级。

第二,强调多方参与与协作。澳大利亚产教融合绩效评价注重多方参与与协作。政府、学校、企业、行业协会等各方在评价过程中各司其职、密切配合,共同推动评价工作的顺利开展。这种多方参与与协作的模式有助于确保评价结果的全面性和客观性,同时也能促进各方之间的沟通与理解,为产教融合的长远发展奠定坚实基础。

第三,注重动态调整与持续改进。澳大利亚产教融合绩效评价注重动态调整与持续改进。随着经济社会的发展和产教融合的深入推进,评价体系和方法也需要不断进行调整和完善。澳大利亚通过建立动态调整机制,根据产业发展趋势、企业需求变化等因素适时调整评价指标和权重,确保评价体系的时效性和针对性。同时,还注重持续改进评价工作的方法和流程,提高评价工作的效率和精准度。

(三)澳大利亚产教融合绩效评价的影响因素

第一,政策环境。政策环境是影响澳大利亚产教融合绩效评价的重要因素之一。政府通过制定相关政策和措施,为产教融合绩效评价提供了有力的支持和保障。这些政策不仅明确了评价的目标和原则,还规定了评价的程序和方法,为评价工作的顺利开展提供了明确的指导。

第二,校企合作的深度。校企合作的深度直接影响产教融合绩效评价的结果。澳大利亚高度重视校企合作,鼓励学校与企业建立紧密的合作关系,共同开展产学研合作项目。这种深度的校企合作有助于学校了解企业的实际需求,调整教学内容和教学方法;同时也有助于企业获得学校的技术支持和人才资源。这种双赢的合作模式有助于提升产教融合绩效评价的整体水平。

第三,评价体系的科学性。评价体系的科学性是影响产教融合绩效评价效果的关键因素之一。澳大利亚在构建产教融合绩效评价体系时注重全面性和科学性,涵盖了教育质量、学生实践能力、科研成果转化等多个维度。同时,还采用多种方法与技术进行评价工作,确保评价结果的客观性和准确性。这种科学的评价体系有助于全面反映产教融合的实际效果,为改进和优化产教融合模式提供有力的支持。

(四)澳大利亚产教融合绩效评价的启示

第一,加强政策引导和支持。我国应借鉴澳大利亚的经验做法,加强政策引导和支持力度,为产教融合绩效评价工作提供有力的保障。政府应制定相关政策和措施,明确评价的目标和原则,规定评价的程序和方法;同时,还应加大对产教融合项目的资金投入和税收优惠力度,鼓励更多的学校和企业参与到产教融合中来。

第二,深化校企合作机制。深化校企合作机制是推动产教融合绩效评价工作深入发展的关键所在。我国应鼓励学校与企业建立紧密的合作关系,共同开展产学研合作项目。通过深度合作,学校可以了解企业的实际需求,调整教学内容和教学方法;企业则可以获得学校的技术支持和人才资源,实现互利共赢。这种深度的校企合作有助于提升产教融合绩效评价的整体水平。

第三,构建科学的评价体系。构建科学的评价体系是确保产教融合绩效评价工作客观、准确的基础。我国应借鉴澳大利亚的经验做法,构建全面、客观、科学的评价体系,涵盖教育质量、学生实践能力、科研成果转化等多个维度。同时,还应采用多种方法与技术进行评价工作,确保评价结果的客观性和准确性。此外,还应注重动态调整与持续改进,不断完善评价体系和方法,以适应经济社会发展和产教融合深入推进的需求。

第四,强化第三方评价机构的作用。引入第三方评价机构可以提高产教融合绩效评价工作的独立性和客观性。我国应鼓励和支持第三方评价机构参与到产教融合绩效评价工作中来,发挥其专业优势,为政府、学校和企业提供客观、准确的评价结果和建议。同时,还应加强对第三方评价机构的监管和指导,确保其评价工作的公正性和规范性。

综上所述,澳大利亚产教融合绩效评价在促进教育与产业深度融合、提升人才培养质量、推动经济社会发展等方面发挥了重要作用。其成功的关键在于政策引导和支持、深化校企合作机制、构建科学的评价体系以及强化第三方评价机构的作用等多个方面的共同作用。我国可以借鉴澳大利亚的经验做法加强政策引导和支持、深化校企合作机制、构建科学的评价体系以及强化第三方评价机构的作用等方面的工作,以推动我国产教融合绩效评价工作的深入发展。

(五)澳大利亚产教融合绩效评价的现实推进

随着经济的发展,澳大利亚面临着技术人才需求的多样化,尤其是在技术创新不断推动产业变革的当下。然而,一些行业技能人才的短缺成为一个突出问题,这不仅涉及技能提升的需求,也包括性别多样性的挑战。尽管政府鼓励女性参与职业教育,但女性在某些领域的参与度仍然较低。澳大利亚政府高度重视职业教育和培训,并进行了教育改革,建立了包括 TAFE 学院在内的职业教育体系。新的学徒制是就业和教育改革的结合。就澳大利亚现代教育体系中的产教融合而言,澳大利亚政府为了促进就业市场的活力和灵活性,满足经济发展对多样化技能人才的需求,特别设计了一套旨在帮助年轻人、教育中断者和失业人员重新融入劳动市场的教育和培训体系。这一体系整合了传统的学徒制和现代的培训生制度,创建了一个新的国家职业教育和培训体系,即现代学徒制。现代学徒制的建立是对传统学徒培训模式的创新和改进，它不仅继承了以往的成功经验，还针对当前和未来经济发展的需求进行了调整。这一制度的推出是对全球产业变革、国内经济结构调整以及社会就业挑战的积极回应。它的形成是多方面因素共同作用的结果，标志着澳大利亚职业教育体系的现代化转型。自1998年正式推行以来，澳大利亚的现代学徒制经历了从传统到现代的逐步演进，这一过程是连续的、渐进的，并且是向上发展的。现代学徒制的引入，反映了对产业结构变化的适应，特别是在20世纪80年代末至90年代，澳大利亚经济结构从制造业向服务业转型期间，对服务业技能人才的需求日益增长。为了应对这些变化，现代学徒制在专业领域的覆盖范围不断扩大，同时加强了对通用技能的培养，以满足新技术人才的需求。政府在这一过程中发挥了关键的宏观调控作用，通过制定和实施相关政策，引导现代学徒制的改革和发展，确保了职业教育和培训体系与社会经济发展的同步。

为了促进年轻人将工作与教育结合，并获得政府认可的资格，澳大利亚政府设立了新学徒服务中心这一核心机构。自2002年起，该中心参与者数量迅速增长，从5755人增至2004年年底的超过20 000人。2005年7月1日，澳大利亚国家培训局（ANTA）被废除，其职责转由教育、科学和培训部（DEST）承担，标志着澳大利亚职业教育体系真正形成，并开启了新一轮改革。2005年2月，教育、科学和技术部发布了改革指导文件《职业教育与培训新方向》，提出了多项改革建议，并加强了现代学徒培训的立法。2005年8月24日，澳大利亚通过了《实现澳大利亚劳动力技能化法案》，为职业教育发展建立了国家层面的规划、管理、目标、资金等制度，为改革提供了法律保障。在政策层面，政府鼓励工业企业积极参与学徒培训，并通过立法保护其培训权益；在实施过程中，则采取经济激励措施，如税收减免和现代学徒培训补贴，鼓励更多机构和企业参与学徒培训。只要获得认证并注册，任何机构都可加入现代学徒培训，进一步推动了行业企业对学徒的接纳。

近年来，全球经济竞争、技术革新、就业技能失衡及人口老龄化等国内外因素促使澳大利亚经济步入关键转型阶段，既带来机遇，也面临挑战。2010年，澳大利亚政府组建专家小组，旨在为未来澳大利亚学徒制度制定发展战略与改革蓝图。2011年2月，专家小组发布题为《共筑未来：21世纪澳大利亚学徒制》的最终报告，强调培养技术精湛、充满活力的学徒是行业与政府的共同职责，并提出了一系列改革举措。这些建议涵盖建立国家监管机构监督改革进程、为雇主和学徒提供结构性支持、提高学徒社会地位及优化激励机制等。澳大利亚政府已积极回应这些建议，并对学徒制度进行投资，以促进其改革与发展。政府的投资额达到了2.01亿澳元，这标志着对21世纪学徒制度专家组报告的首次实质性回应。这些改革措施旨在提高学徒制度的质量和吸引力，确保能够满足经济发展对技能人才的需求，并提高劳动力市场的灵活性。通过这些措施，澳大利亚政府展示了其对职业教育和培训的承诺，以及对提升国民技能水平的重视。

在未来几十年中，澳大利亚面临着人口老龄化和技能人才短缺的双重挑战，特别是在经济复苏和产业结构转型的背景下，技术工人短缺的问题变得尤为突出。目前，澳大利亚的学徒制度面临发展缓慢和完成率低的问题，仅有 48% 的学徒能够完成培训，而未完成培训的原因主要包括工作场所问题、缺乏支持、工资偏低和对工作不满意等。为了应对这些挑战并促进社会发展，澳大利亚政府采取了一系列措施来改革和提升学徒制度。自 2011 年起，政府设立了专项基金，旨在提高学徒的完成率和招生人数，每年直接投资约 12 亿澳元用于支持学徒制度。此外，政府还推出了学徒制改革计划，以提高学徒的参与度和完成率，增强劳动力市场的技能水平，更好地应对技能挑战。政府还注意到了联邦政府与州和地区政府在职责上的重叠，因此计划建立一个全国性的现代学徒制度，以统一和优化学徒培训的标准和实践。为此，政府将在两个阶段为该计划提供资金支持。学徒指导计划是政府为帮助可能面临障碍的学徒而设计的一项措施，通过提供指导和支持，帮助他们成功完成培训。政府认为，通过指导和关怀来提供更有效的支持是提高学徒完成率的关键。此外，澳大利亚政府还扩大了学徒培训的覆盖范围，不再局限于传统的 14 岁至 15 岁高中毕业生，而是扩展到了成年人和在校学生。政府还推出了学徒大使计划，通过选拔各行业的优秀学徒作为学徒大使，宣传学徒制度的价值，提升学徒的社会形象和地位。最终，澳大利亚学徒制度的成功与否，将取决于学徒完成培训后的就业情况和社会接受程度，包括他们的就业状况和工资福利。现代学徒制被视为一种有效的人才培养模式，有助于实现成功就业。

第四节 我国职业教育产教融合绩效 评价的主要问题

随着经济全球化的不断深入和科学技术的快速发展，社会对高素质技能型人才的需求日益增长。这种需求不仅体现在数量上，更体现在质量上。高等职业教育作为培养这类人才的重要基地，其重要性日益凸显。为了满足社会对人才的需求，高等职业教育需要不断创新教育模式，提高教育质量。产教融合作为高等职业教育发展的重要途径,旨在实现教育与产业的深度融合,通过学校与企业的紧密合作,共同培养人才,以此促进经济社会的发展。

在当前我国产业发展的新形势下,既面临新的机遇,也面临新的挑战,这进一步推动了高等职业教育的改革和创新发展。课程改革作为新时期深化产教融合的核心和切入点,也是高等职业教育改革和创新发展的关键所在。它要求在课程目标、学科内容、教学标准、教学模式等方面进行新的探索和突破,以满足产业发展对人才的需求。如何有效评价高等职业教育产教融合的绩效,成为当前亟待解决的问题。目前,我国高等职业教育产教融合绩效评价存在诸多问题,如评价标准不明确、评价方法不科学、评价结果不客观等。这些问题严重影响了产教融合的深入推进和高等职业教育质量的提升。因此,分析我国高等职业教育产教融合绩效评价的现状及存在的问题,并提出相应的改进策略,具有重要的理论和实践意义。

为了提升高等职业教育产教融合的质量,需要进一步完善评价指标体系。这包括从教育、人才、产业、经济等多个评判视角出发,对高等职业教育质量评价标准进行深入研究。同时,还需要探索一种动态修订模式的产教融合质量评价标准优化路径,以适应不断变化的产业发展需求。通过改进高等职业教育产教融合绩效评价,可以更好地衡量产教融合的实施效果,发现存在的问题和不足,为高等职业教育的发展提供有益的参考。同时,也有助于激发企业参与产教融合的积极性,推动高等职业教育与产业的深度融合,共同培养出更多符合社会需求的高素质技能型人才。在高等职业教育产教融合绩效评价的研究领域,国内外学术界均有所涉猎,且呈现出不同的研究特点和发展轨迹。国外对于高等职业教育产教融合的研究起步较早,相关理论体系和评价方法已较为成熟。这些研究主要集中在产教融合的模式、机制以及绩效评价等方面。例如,有学者提出了产教融合的基本框架,强调了产业界与教育界的紧密合作对于提升教育质量、促进学生就业的重要性。另一学者则通过实证研究,分析了产教融合对提升学生职业技能和就业竞争力的积极影响。在绩效评价方面,国外学者也构建了一系列评价指标体系,旨在全面、客观地评估产教融合的效果。相较于国外,国内对于高等职业教育产教融合绩效评价的研究虽然起步较晚,但发展迅速。国内学者在借鉴国外先进经验的基础上,结合我国高等职业教育的实际情况,进行了大量有针对性的研究。这些研究主要集中在产教融合的现状分析、问题诊断以及改进策略等方面。例如,有学者通过对比分析国内外产教融合的实践案例,指出了我国高等职业教育在产教融合方面存在的不足,并提出了相应的改进建议。另一学者则构建了一套符合我国高等职业教育特点的产教融合绩效评价指标体系,为科学评价产教融合效果提供了有力支持。

尽管国内外学者在高等职业教育产教融合绩效评价方面取得了不少研究成果，但仍存在一些问题和不足。首先，评价指标体系尚不完善，部分指标过于笼统或难以量化，导致评价结果的主观性和随意性较大。其次，数据收集和分析能力有限，部分研究由于缺乏足够的数据信息支持和深入的论证分析，研究结果的可信度与说服力有待进一步提高。此外，不同地区、不同学校之间的产教融合情况存在较大差异，如何因地制宜地制订和实施绩效评价方案也是当前亟待解决的问题之一。高等职业教育产教融合绩效评价是一个复杂而重要的研究领域。国内外学术界在此方面已取得了一定的研究成果，但仍需进一步完善评价指标体系、提高数据收集和分析能力以及制订因地制宜的绩效评价方案等。通过不断深入研究和探讨，我们可以更好地评估产教融合的效果，为高等职业教育的发展提供有益的参考和借鉴。

一、产教融合绩效评价的方法与指标

在探讨高等职业教育产教融合绩效评价的方法与指标时，我们不得不注意到定量评价和定性评价这两种主要方法。这两种方法各有特点，共同构成了绩效评价的完整体系。

定量评价，以其客观性和精确性，成为绩效评价的重要手段。在定量评价中，评价指标体系的构建是核心环节。这一体系通常涵盖了教育投入、教育过程和教育产出等多个维度，每个维度下又细分出多个具体的指标。例如，在教育投入方面，我们可以考察学校的师资力量、教学设施等；在教育过程方面，可以关注课程设置、教学方法等；在教育产出方面，则主要衡量学生的就业率、职业素养等。通过对这些指标的量化分析，我们能够更加直观地了解高等职业教育产教融合的实际效果。定量评价虽然客观、精确，但也有可能忽视一些难以量化的重要因素。这时，定性评价便发挥了其独特的作用。定性评价更注重对产教融合过程中关键因素的深入剖析和评估，如校企合作的紧密度、人才培养模式的创新性等。这些因素往往难以用数字来衡量，但对于评价产教融合的真实绩效来说却至关重要。

在实际操作中，定量评价和定性评价并不是孤立的，而是需要相互结合、相互补充的。通过定量评价，我们可以得到一系列客观的数据和指标，为定性评价提供有力的支撑；而定性评价则能够揭示出定量数据背后的深层次原因和问题，使得绩效评价更加全面、深入。除评价方法的选择外，评价指标的设置也是绩效评价中的关键环节。为了全面反映高等职业教育产教融合的绩效水平，我们需要从多个方面来构建评价指标体系。这些指标不仅要涵盖教育投入、教育过程和教育产出等各个维度,还要具有可操作性和针对性。只有这样,我们才能确保绩效评价的准确性和有效性。总的来说,高等职业教育产教融合绩效评价是一个复杂而系统的工程。我们需要综合运用定量评价和定性评价两种方法,构建科学合理的评价指标体系,以确保评价的全面性和准确性。同时,还应该不断关注产教融合发展的新动态和新趋势,及时调整和优化评价指标和方法,以适应高等职业教育发展的实际需要。

二、产教融合绩效评价存在的问题

在高等职业教育产教融合绩效评价中,存在的问题不容忽视。下面是对这些问题的相应分析。

第一,评价指标体系尚不完善。当前,我国高等职业教育产教融合绩效评价的指标体系尚未完全成熟。虽然已有一些评价指标被广泛应用,但这些指标主要集中在教育投入、教育过程和教育产出等几个方面,而对于产教融合中的创新、协同、社会服务等方面的评价则相对较少。这使得评价结果难以全面反映产教融合的绩效水平,也无法准确衡量高等职业教育对经济社会发展的贡献。为了完善评价指标体系,我们需要从多个维度出发,构建更加全面、科学的评价指标。例如,可以增加对产教融合创新能力的评价,包括科研创新、教学创新、管理创新等方面;同时,还可以加强对协同育人效果的评价,以及高等职业教育对行业和区域经济社会发展的贡献评价。

第二,数据收集和分析能力有限。在高等职业教育产教融合绩效评价过程中,数据收集和分析是至关重要的环节。然而,目前我国在这方面的能力还有待提高。一方面,部分高职院校在数据统计和分析方面存在短板,导致数据不准确、不完整;另一方面,由于缺乏有效的数据共享机制,各高职院校之间的数据难以进行横向比较和综合分析。为了提高数据收集和分析能力,我们需要加强高职院校在数据统计和分析方面的培训,提高其数据收集意识和能力。同时,还应建立数据共享平台,推动各高职院校之间的数据交流和合作,以便进行更全面、准确的数据分析。

第三,缺乏有效的评价反馈机制。在高等职业教育产教融合绩效评价中,有效的反馈机制对于及时调整和优化产教融合策略至关重要。然而,目前我国在这方面的机制尚不完善。一方面,评价结果的反馈不够及时、全面,导致高职院校无法及时了解自身在产教融合方面的不足;另一方面,由于缺乏有效的激励机制和约束机制,高职院校在接到反馈后往往缺乏改进的动力和压力。为了建立有效的评价反馈机制,我们需要加强评价结果与高职院校的沟通与交流,确保反馈信息的准确性和及时性。同时，还应建立相应的激励机制和约束机制，鼓励高职院校积极改进产教融合策略，提高其绩效水平。例如，可以将绩效评价结果与高职院校的经费拨款、项目申报等方面挂钩，以激发其改进的动力。

我国高等职业教育产教融合绩效评价存在的问题主要包括评价指标体系不完善、数据收集和分析能力有限以及缺乏有效的评价反馈机制等方面。为了解决这些问题，我们需要从多个角度出发，加强研究与实践相结合的方法，探索出更加科学、合理的绩效评价方案，推动高等职业教育产教融合向更高水平发展。

三、主要问题的成因分析

问题的成因主要可以归结为对高等职业教育产教融合绩效评价的深层次理解不足、数据管理流程的不规范以及反馈循环的缺失。

我国教育界对于高等职业教育产教融合绩效评价的理解，目前尚显肤浅。这主要体现在缺乏科学的评价理念和方法上。许多教育机构和产业界人士对产教融合的真正内涵和价值未能准确把握，导致在评价过程中过于注重表面指标，而忽视了产教融合在提升教育质量、促进学生全面发展、推动产业创新等方面的深层次作用。这种理念上的偏差，不仅影响了评价结果的准确性和公正性，也制约了产教融合的深入发展。

在数据管理方面，存在的问题主要是数据收集和整理工作不够规范和完善。这导致了数据质量不高，无法为绩效评价提供有力支撑。具体来说，一方面，数据收集的范围和方式可能存在局限，无法全面反映产教融合的真实情况；另一方面，数据整理和分析的过程中可能存在误差和偏差，进一步降低了数据的可信度和有效性。这些问题的存在，使得绩效评价结果难以真实反映高等职业教育产教融合的实际效果。

缺乏有效的评价和反馈机制也是导致问题的重要原因之一。一个健全的评价和反馈机制能够及时发现和解决问题，推动产教融合的持续优化。然而，目前许多高等职业教育机构在产教融合过程中，并未建立起有效的评价和反馈机制。这使得他们在面对问题时，无法及时调整和优化产教融合策略，从而影响了产教融合的效果和质量。

为了提升高等职业教育产教融合绩效评价的准确性和有效性，我们需要深化对产教融合绩效评价的理解，规范和完善数据管理流程，以及建立有效的评价和反馈机制。只有这样，我们才能更好地推动高等职业教育产教融合的发展，培养出更多符合社会需求的高素质技能型人才。

四、推进建设的主要方向

(一)形成科学的评价指标体系

在构建科学的评价指标体系时,需要深入考虑产教融合的核心要素和目标。教育投入方面,可以包括师资力量、教学设施、实训基地建设等关键指标,以衡量学校对产教融合的投入力度。教育过程方面,应关注课程设置与产业需求的契合度、实践教学的有效性以及校企合作的深度等,从而评估产教融合的实施质量。教育产出则可以通过学生的就业率、就业质量、职业素养提升等指标来反映,以体现产教融合对学生职业发展的促进作用。为确保评价指标体系的科学性和实用性,我们可以借鉴国内外先进的评价理念和方法,结合我国高等职业教育的实际情况进行本土化改造。同时,应广泛征求行业企业、教育专家、一线教师等多方意见,确保指标体系的合理性和可操作性。在实施评价时,还需注重数据的收集与整理工作。通过建立健全的数据采集和监控系统,确保评价数据的真实性和有效性。此外,应定期对评价指标体系进行修订和完善,以适应高等职业教育产教融合发展的新趋势和新要求。建立科学的评价指标体系是改进高等职业教育产教融合绩效评价的关键一步。通过全面、客观地衡量产教融合的绩效水平,我们可以及时发现问题并采取相应的改进措施,从而推动高等职业教育与产业的深度融合,为经济社会的发展提供有力的人才支撑。

(二)加强数据收集与分析能力

在高等职业教育产教融合绩效评价的改进过程中,加强数据收集与分析能力显得尤为重要。这一环节不仅关乎评价结果的准确性和客观性,更是优化产教融合策略、提升教育质量的关键所在。为了建立完善的数据收集和整理机制,我们需要从源头抓起,确保数据的真实性和可靠性。一方面,可以建立定期的数据报送制度,要求各高等职业教育机构按照统一的标准和格式,定期提交产教融合相关数据。另一方面,还应加强对数据的审核和校验,防止数据造假和失真,从而确保数据的准确性和完整性。在数据分析方面,我们应该利用先进的数据分析技术与方法对收集到的数据进行深入挖掘和分析。例如,可以利用大数据分析技术,对产教融合过程中的各个环节进行全面监测和评估,及时发现潜在问题和风险。同时,通过构建数据模型,对各项指标进行量化分析,为决策者提供更为直观、科学的决策依据。加强与其他相关部门和机构的合作与交流也是提升数据收集与分析能力的重要途径。通过与政府部门、行业协会、企业等机构的紧密合作，我们可以实现数据资源的共享和利用，进一步拓宽数据来源，提高数据的全面性和代表性。同时，这种跨部门的合作与交流还有助于我们及时发现行业发展的新动态和新趋势，为高等职业教育产教融合的优化提供有力支持。加强数据收集与分析能力是改进高等职业教育产教融合绩效评价的重要环节。通过建立完善的数据收集和整理机制、运用先进的数据分析技术和方法以及加强与其他部门的合作与交流，我们可以更好地把握产教融合的发展状况，为高等职业教育的持续改进和提升提供有力保障。

（三）完善产教融合发展机制

建立健全的产教融合发展机制对于提升高等职业教育产教融合绩效评价的质量至关重要。这一机制的构建，不仅包括有助于及时发现并修正评价过程中存在的问题的相关评价机制，同时也包括能为高等职业教育与产业的深度融合提供有力支持的发展机制。在完善产教融合发展机制的过程中，我们首先要做的是强化评价机制建设，加强对评价结果的分析和解读。这需要我们运用科学的方法和工具，对收集到的数据进行深入挖掘，从而准确把握产教融合的实际效果。通过这样的分析，可以及时发现问题，完善发展机制，并为改进工作提供明确的指向。其次，建立有效的沟通渠道和反馈机制也是必不可少的。应该搭建起一个开放、透明的平台，鼓励教师、学生、企业等各方积极参与评价过程，并畅所欲言地提出自己的意见和建议。这样不仅可以增加评价的公正性和透明度，还能帮助我们更全面地了解产教融合的真实情况，从而更好地进行调整和优化。同时，根据评价结果及时调整和优化产教融合策略也是完善产教融合发展机制的重要一环。应该根据评价结果中反映出的问题和不足，针对性地制定改进措施，并推动其落地实施。同时，还应该关注产业发展的最新动态和市场需求的变化，不断调整产教融合的方向和重点，以确保高等职业教育与产业的深度融合和发展。

可以看到，上述三方面的产教融合发展机制与主体层面的建设息息相关，可以从逆向完善的角度推进产教融合发展机制。同时持续有效地开展产教融合发展是在另一种层面推进绩效评价发展，即完善产教融合发展机制是推动高等职业教育产教融合绩效评价工作持续改进和提升的关键所在。我们应该从加强对评价结果的分析和解读、建立有效的沟通渠道和反馈机制以及根据评价结果及时调整和优化产教融合策略等方面入手，全面提升高等职业教育产教融合绩效评价的质量和水平，同时还要从可持续性发展的角度不断推进产教融合的现代化、数字化发展。

第六章

案例分析:高等职业教育产教融合绩效评价的问题纾解

第一节 高等职业教育产教融合绩效评价高质量发展的三个维度

随着全球经济的不断发展和产业结构的深刻变革,高等职业教育作为人才培养的重要基地,其与企业、产业的紧密联系显得尤为重要。产教融合作为一种将产业需求与教育资源有机结合的教学模式,已成为高等职业教育发展的重要方向。然而,如何科学、有效地评价产教融合的绩效,确保其在提高教育质量、促进产业发展和学生就业等方面发挥积极作用,成为当前高等职业教育面临的重要课题。下面将从环境层面、机制层面和主体层面三个维度,对高等职业教育产教融合绩效评价的原因和背景进行相关分析。

一、环境层面分析

(一)经济社会发展的需求

随着全球化和信息化的加速推进,经济社会发展对人才的需求呈现出多元化、复合化的趋势。高等职业教育作为培养高素质技能型人才的重要阵地,必须紧密围绕经济社会发展需求,加强与企业、产业的合作,共同培养符合市场需求的高素质人才。产教融合绩效评价的提出,正是为了适应这一需求,确保高等职业教育能够紧跟时代步伐,为经济社会发展提供有力的人才支撑。

（二）政策支持的推动

近年来，我国政府高度重视职业教育的发展，出台了一系列政策措施推动产教融合。例如，《国务院关于加快发展现代职业教育的决定》明确提出：要深化产教融合、校企合作，推动职业教育与经济社会发展深度融合。这些政策的出台为产教融合绩效评价提供了有力保障和支持，推动高等职业教育在产教融合方面取得显著成效。

（三）工匠文化的发展

工匠文化在高等职业教育产教融合发展中扮演着至关重要的角色。它不仅是一种精神追求，更是一种实践行动，对于培养高素质技术技能人才，提升教育质量具有深远的影响。工匠文化强调执着专注、精益求精、一丝不苟、追求卓越，这些价值观与高等职业教育的目标高度契合，营造工匠文化氛围，有助于形成以学生为中心、以实践为主导、以技能培养为核心的教育环境。通过产教融合的实践，工匠文化进一步促进校企深度合作，提高学生的实践能力和创新能力。从实践落地角度来看，工匠文化的孵化和形成是高职院校的第一要务。

二、机制层面分析

（一）校企合作机制的建立

产教融合绩效评价的核心是校企合作机制。通过建立校企合作机制，学校和企业可以共同制订教学计划、设计课程、组织实践等，确保学生在校期间能够进入真实的工作环境，提高他们的实践能力和就业竞争力。同时，企业还可以利用学校的科研实力和人才优势，推动自身的技术创新和产业升级。产教融合绩效评价有助于促进校企双方的合作和交流，推动校企合作机制深入发展。

（二）激励机制的建立

产教融合绩效评价还需要建立有效的激励机制。通过设立奖励基金、提供优惠政策等方式，激励学校和企业积极参与产教融合活动，提高产教融合的水平和质量。同时，激励机制还应关注教师、学生等参与者的积极性和创造力，为他们提供更多的发展机会和空间。激励机制的建立有助于增强产教融合绩效评价的吸引力和影响力，推动高等职业教育在产教融合方面取得更大成果。

（三）现代职业教育体系的完善

产教融合绩效评价需要依托更为完善的现代职业教育体系，以确保教育内容和技能培训与市场需求相匹配。该体系通过提供灵活的学习路径，使学生能根据个人兴趣和职业目标进行学习,同时也为企业提供定制化的培训解决方案。该体系应包括有效的评价指标、评价方法、评价标准等内容,能够全面、客观地反映产教融合的实际效果。同时,还包括对教育过程和结果的定期评估,对产教融合项目成效的监控,用于对不同学校、不同专业之间进行横向比较和纵向分析。

三、主体层面分析

(一)政府的引导和支持

政府在产教融合绩效评价中发挥着重要的引导和支持作用。政府可以通过制定相关政策、提供财政支持等方式,鼓励学校和企业积极参与产教融合活动并推动其深入发展。同时政府还可以建立相应的监管机制和评估体系,以确保产教融合活动的质量和效果符合政策要求和社会期望。在产教融合绩效评价中,政府可以发挥桥梁纽带作用,促进校企双方之间的合作和交流,并为双方提供必要的帮助和支持,以促进产教融合的可持续发展。

(二)企业的积极参与

在产教融合中,企业作为重要的参与者和受益者之一,也发挥着至关重要的作用。企业应积极参与学校的教学活动和实践项目,提供实践机会和就业资源等支持。同时,企业还能够与学校合作开展科学技术领域的创新活动,促进自身技术创新与相关产业的升级。在产教融合绩效评价中,企业应积极参与评价过程,并提供相关数据和信息支持。同时,企业还可以根据自身需求,向学校提出反馈和建议等意见,以促进产教融合的持续改进和发展。

(三)学校的主体作用

在产教融合绩效评价中,学校发挥着主体作用。学校应积极参与产教融合活动,与企业建立紧密的合作关系,共同制订教学计划和实践项目。同时,学校还应加强内部管理和制度建设,确保产教融合活动的有序进行和高效推进。在产教融合绩效评价中,学校应积极响应政府的号召和政策要求,不断完善自身的评价体系和激励机制,提高产教融合的水平和质量。从实践层面看,校企多元的师资力量是真正在产教融合中起关键作用的力量,校企师资中,又以学校师资为主导,企业师资呈渐进式形成主动服务的态势。

高等职业教育产教融合绩效评价是一个复杂而重要的课题。我们选取调研的省内外相关高等职业院校,从环境层面、机制层面和主体层面三个维度中的某个点来对其原因和背景进行了相关分析。通过分析可以看出,高等职业教育产教融合绩效评价的提出和发展是适应经济社会发展需求、政策支持推动以及国际竞争压力等多种因素共同作用的结果。同时,产教融合绩效评价还需要建立完善的评价体系和激励机制等来确保其有效实施和持续推进。未来随着经济社会的发展和政策的不断完善,高等职业教育产教融合绩效评价将会发挥更加重要的作用,为高等职业教育的发展提供有力支持。

第二节 环境层面高等职业教育产教融合绩效评价高质量发展的案例

企业新型学徒制的推行,打破了院校、企业等在人才培养上各自为政的局面,构建起了以企业为核心主体、以院校为辅助的双元综合教育机制。师徒制度与现代企业培训相结合、工间实践与理论教学相结合、职业素质与工匠精神培养相结合,正成为以学生学徒为工匠人才新苗培养对象的重要举措,为工学一体化、赛教融合和现场工程师专项培养视域下的工匠人才新苗培养路径形成奠定了基础,将为行业持续发展和企业转型升级持续提供有力的工匠人才支撑。下面我们对选取调研的成都某职业技术学院案例进行说明。

一、案例背景与基础

(一)政府部门持续推进企业新型学徒制

2022年12月,人力资源社会保障部职业能力建设司发布《加强和改进新时代中国特色企业新型学徒制工作方案》,提出"进一步做好企业新型学徒制工作",并制订了工作方案,强调"按照政府引导、企业为主、培训院校参加的原则,通过企校双制、工学一体等方式,组织开展高质量学徒培训";同时,还从学徒的组织工作、培养目标、信息登记和培训课程等方面给出了指导建议,进一步明确了企业新型学徒制是实现产教融合的最佳方式之一,为企业与培训院校联合招收学徒指明了方向,方案有效地保障和提升了学徒培养质量。2024年2月,四川省人社厅印发《四川省技工院校学生学籍管理规定》,在学习年限的规定中强调了企业新型学徒制作为不脱产学制技工教育形式的教育期限,说明了企业新型学徒制是技工教育当前的重要发展形式。

(二)政府部门高度关注学徒与工匠培养

大力传承和弘扬工匠精神已成为政府部门、各行各业和院校的共识,多地政府部门围绕这一重要任务,制定了工匠评选与培养规划,并拟定了工匠新苗培育计划。例如,中共成都市委办公厅、成都市人民政府办公厅印发的《关于实施"成都工匠"培育五年计划的意见》便将"完善职教培训体系,培育工匠人才新苗;突出企业主体地位,推动工匠人才成长"列为重点工作,并提出"以'工匠带徒'等方式大力开展学徒培养";又如,2021 年 10 月,《成都市礼遇"成都工匠"十条政策措施》的出台,营造了尊崇、传承和弘扬工匠精神的社会氛围,并为工匠人才提供了更好的工作和成长等保障。相关意见和措施,明确了企业的主体地位、工匠带徒模式,为以学徒制模式培养工匠人才提供了政策支持,为工匠队伍的形成提供了优越环境。

(三)工匠人才纵向培养体系亟须完善

随着新技术、新工艺、新理念等持续创新与迅猛发展,以及各行各业对工匠人才的需求,亟须在企业新型学徒制的基础上探索工匠培养的新路径,完善工匠培养体系。经对各级工匠的成长路径调研,发现一个共性的驱动因素——拥有参加职业教育或职业培训的经历,这种经历让他们在企业的发展进程中能更快地适应转型与发展,并借助职工技能大赛等平台获得工匠荣誉;调研还发现,工匠评选主要面向工作一线中在职业领域内具有示范引领作用的职工代表,学生和学徒不具备参评资格,但职业教育经历为其将来成为工匠提供了知识、技能和素养上的支撑。因此,校企合作以学徒制形式,按工匠评选标准培养学徒时,需重点关注学生学徒,让未走上工作岗位的学生学徒拥有匠技、匠心和匠魂,将其培育成工匠人才新苗,这将有助于完善工匠培养体系与路径,扩大工匠人才后备队伍。

(四)已开展中国特色学徒制细分研究

早在 2018 年,研究团队便以电子商务专业为载体,立项了教育部第三批现代学徒制试点项目,开始围绕现代学徒制进行教学改革的理论与实践研究;随后又与四川上官家纺等多家企业联合立项企业新型学徒制培训项目,持续开展了职工学徒和学生学徒培训与学制研究工作。经过对现代学徒制和企业新型学徒制的比较研究,汲取各自优点,形成了独具特色的企业新型学徒制学徒培养模式与路径。近年来,研究团队先后主持立项"企业新型学徒制推行中常见问题与解决对策研究"和"物流业推行企业新型学徒制的方略研究"等省市级课题,积累了与企业新型学徒制相关的实践经验和典型案例。

二、案例意义与价值

中国特色企业新型学徒制的实施,促进了职业教育和技工教育的教育教学改革发展,但将企业新型学徒制与工匠培养进行关联研究的论文和案例偏少,从产业发展背景去研究工匠人才培养与学徒制之间关系的论文不多。因此,开展企业新型学徒制培育新时代工匠人才新苗的研究,一是可示范企校合作模式和学生学徒培养方式,为企业和院校创新工匠人才新苗培养提供新思路;二是示范基于工作过程系统化的课程开发和课程体系构建,为特定岗位的工匠人才新苗培养提供知识、技能和素质培养保障,为企业和院校开发培训课程体系提供范例;三是示范工匠精神与工匠技能的融合方法,以及工匠带徒方式,为企业和院校示范育人过程和工匠人才新苗评价模式。

三、案例实施路径设计与构建

(一)全面推行工学一体化

工学一体化技能人才培养模式是培养德才兼备、技能过硬的技术工人和熟练工匠的技术技能人才培养模式。根据企业新型学徒制的概念描述,"企校双制、工学一体"是企业新型学徒制下学徒的具体培养模式,只有全面推行工学一体化才能让学生学徒达到企业的用人需求。通过实施工学一体化课程,学徒将获得更多的工作实践机会,在短期内达到岗位工作要求。经过多年试点与探索实践,2022年,人力资源社会保障部开始在全国技工院校推行工学一体化模式,这有利于院校聘请更多的企业工匠,通过学徒制形式实现工匠带徒,培育工匠人才新苗。但要落实工学一体化培育工匠人才新苗,还需从以下方面展开工作。

(1)优化实训实践教学环境。教学环境的工作情境化是实施工学一体化教学的前提。在推行该模式前,各专业需梳理用于实训实践的教学环境的功能,确定具体的职业岗位或工种,以此为基础把工作岗位明确化、把工作任务典型化、把工作目标具体化、把工作流程规范化、把考核标准精细化,只有功能明确,才能进行工作学习一体化视域下的教学内容整合。

(2)基于工作岗位建立模块化课程体系。工作岗位对知识、技能和素质的要求是建立在岗位职工高质量完成工作任务的基础上的,因此需要梳理工作岗位的典型工作任务,围绕执行任务所需的知识、技能和素质进行教学内容的结构调整,并与工匠的工作实际与引领功能相结合,促进理论知识与生产生活的对接,进而形成模块化任务课程。该课程具有聚焦岗位、任务典型、实施连贯等特点,突破传统的多门课程服务一个岗位、课程学期分布不统一等束缚,教学内容的彼此结合和序化更加紧密。一个模块对应一个工作岗位,有助于构建模块化的课程体系,有利于基于工作岗位培养学生学徒。

（3）加快工学一体化师资培养。传统的理论讲授或模拟实训较难对接到转型后的企业发展，因此引入企业真实案例、构建真实情境就显得尤为重要，学生只有在真实情境和任务中才能领悟和获得道理与技能。正如前面谈到的"企校双制、工学一体"，方能达成企业新型学徒制的人才培养目标。这就需要校企双导师基于工作岗位，围绕工作任务，共同编制工作页、操作手册、工作教程等，以提供有价值的指导，促进学生正确地按序操作。因此，加强对工学一体化师资的培养和培训，提升工学一体化理念与任务认知和工具应用能力，有助于解放思想、改革创新，既能保持原有特色，又不受旧知识的束缚，提升育人水平。

（4）建立基于工匠评价标准的学徒学业考评标准。工匠人才新苗作为未来的工匠后备人选，应以工匠为榜样，以工匠所具备的知识、技能和素质为参照，在对标中提升自我。为了更好地适应现代产业发展需要，培养具备工匠精神的高素质技术技能人才，各专业团队应认真分析工匠评价方式和评价指标体系，将评价方式引入模块课程评价中，包括但不限于技能水平评价、知识储备评价、创新能力评价、质量意识评价、工作态度评价、团队精神评价、自我提升评价等要素，相关要素应可评可测，具体实施可通过开展学生自我评价、小组同伴评价、教师评价等形式，确保评价过程公平、公正、公开。

（5）建立教学改革交流沟通机制。工学一体化教学改革旨在打破传统的教学模式，高效达成企业新型学徒制育人目标，培养产业发展所需的工匠人才新苗，因此建立工学一体化的教学改革交流沟通平台和机制就显得尤为重要，各团队可在互学中确保改革进程和效果。如成都工贸职业技术学院在推行"高职—技师"融通发展进程中，将技工教育工学一体化模式融入高职教育，基于改革目标和愿景建立了工学一体化课堂革命教研论坛，定期组织以教研室为单位的工学一体化改革成果分享，既是经验分享又是活动反馈，既是培训又是指导，促进了跨专业的交流沟通和经验分享，加速推进了各专业实训实践教学环境改造、课程体系重构、优质课程建设、新形态教材开发、教学资源建设、教学方法改革、教学评价创新等变革，加快了改革创新和高质量发展步伐。

（二）深入推进职业技能大赛

近年来，各地为推进产业工人队伍建设，持续开展了以职工技能大赛遴选工匠的举措，为鼓励更多人参与比赛，设定了表彰和奖励措施，较好地弘扬了工匠精神。如《成都市总工会、成都市人力资源和社会保障局关于举办2024年成都百万职工技能大赛的通知》中，明确提出"一类赛获奖选手除收获奖金外，还有机会优先推荐申报成都市五一劳动奖章、成都市技术能手、成都工匠；二类赛获奖者亦有机会推荐参评成都工匠"。除此之外，各区县也积极开展工匠评选活动，逐渐形成了区（县）工匠、市级工匠、省级工匠的工匠遴选梯队，为工匠人才队伍的壮大和发展作出了突出贡献。因此，职业院校应积极做好竞赛成果转化工作，为各级工匠评选输送预备人才。

（1）深入理解技能大赛与工匠新苗培养的关系。技能大赛是弘扬工匠精神，培养产业工匠和技术能手，激励更多劳动者走上技能成才、创新创业之路的重要措施。因此，要深入研究职工（职业）技能竞赛赛项，提取赛项对参赛者知识、技能和素质的考核要求，推进课赛融合，提升课程育人功能，进而推进"三教"改革、提高技术技能人才培养质量、促进高质量就业、服务经济社会发展。

（2）要深入分析竞赛评价标准。通过竞赛获得工匠称号的参赛者，一定是具备工匠精神才能在比赛中脱颖而出，展现出高超的技艺和卓越的风采，这种技艺和风采的评价标准是什么？需要重点分析，只有清晰、明确的评价标准，才能向学徒展示追求的方向，激发学徒对技艺的热爱和追求。因此，分析并将竞赛评价标准融入模块课程的考核标准中，提升学生追求卓越的意识，通过训练让其逐渐具备工匠所需的技艺。

（3）在教学设计时引入竞赛教学法。模拟竞赛全流程，用竞赛考评标准进行严格评价，让学生学徒在模拟竞赛中进行对标和反思，寻求突破的方式和方法。如成都工贸职业技术学院每年举办的校园"育匠杯"比赛，便是各专业对标职业技能竞赛赛项所设置的比赛，旨在通过比赛培育工匠人才新苗。各团队利用赛教融合改革实现了人人参赛，促进了各专业学生整体技能水平和素质素养的提升，也为选拔市级、省级参赛选手提供了平台。又如，课赛融合"市场调查实务"课程，全面对接全国高校商业精英挑战赛物流与供应链竞赛，课堂训练作品即为参赛作品，充分发挥竞赛教学法的优势，驱动学生不断提升作品质量，不断丰富和完善作品，在模拟竞赛的过程中，提升市场调查技能和工匠精神。

（三）校企合作共建现场工程师班

随着产业转型升级和新技术、新工艺、新规范等不断出现，现场工程师日趋重要。2022 年 9 月，《教育部办公厅等五部门关于实施职业教育现场工程师专项培养计划的通知》强调，"校企联合实施学徒培养，项目企业设立现场工程师学徒岗位"，现场工程师专项培养开始进入试点阶段。由于现场工程师不仅是技术领域的专家，更是工匠精神的践行者，其工匠精神需要在实训或实践环境中实现，培养过程没有企业参与,将不具有学徒制性质,工匠素质也较难获得。2023年,成都工贸职业技术学院开展电商直播现场工程师组班试点,教学团队由全国商贸服务业技术能手、优秀竞赛指导教师等构成,采取工学一体化育人模式进行新苗培养。结合实际工作情况提出下述建议:一是应首先明确现场工程师班学生的学徒身份,提升学生职业理想,激发学生对参训领域的热爱,避免其因反复训练、持续打磨作品而出现抵触情绪和退出训练的想法;二是企业工匠应在培训过程中以身示范,将该领域对精品的追求,以及自己对细节的关注、对逻辑的严格把控、对质量的高度要求传递给学徒,用行为感染学生;三是提升学徒的职业精神,让学徒领会所要从事的工作应具备的职业技能、职业责任、职业态度、职业纪律、职业良心等内涵,在学徒期间全身心地投入学习和实践,保持对行业发展的关注,能够及时调整自身的发展方向,在职场中始终保持活力和竞争力。

正确认知工匠人才新苗培育与企业新型学徒制的关系,有助于准确定位学徒培养目标、合理设计培养模式、科学构建课程体系、创新考核评价模式,提升学徒就业竞争力,满足企业用人需求,促进产教融合,推动社会经济发展。工匠人才新苗培育是工匠人才培养体系的初级阶段,是驱动学徒在工作之余自主学习,不断追求新知识、新技能的重要时期,也是团队精神、沟通能力等形成的关键时期,企业工匠和院校教师应基于工作任务从多元视角思考对学生学徒进行匠技、匠心和匠魂培育,通过营造工匠氛围,引导学生转变思想,树立就业自信,使之转化成职业院校学生的强大进取精神,助力产业工匠的批量形成。

第三节　机制层面高等职业教育产教融合绩效评价高质量发展的案例

在全球化和产业结构深度调整的大背景下,高等职业教育的重要性日益凸显。这种教育形式不仅关乎技能人才的培养,更是地方经济社会发展的关键支撑。特别是在产教融合的理念下,高等职业教育与产业发展紧密结合,共同推动着人才质量的提升和产业创新的步伐。产教融合作为高等职业教育的一种重要发展模式,其实质是教育与产业的深度融合。这种融合不仅体现在教学内容与产业需求的对接上,更表现在教育机构与产业界的紧密合作中。例如,长沙航空职业技术学院与行业协会的合作案例,就展示了产教融合在提升教育质量、促进学生就业方面的巨大潜力。下面我们对调研的浙江某职业学院进行说明。

一、案例背景与基础

随着数字化时代的到来，高等教育和职业教育都面临着前所未有的变革。数字化技术不仅改变了传统的教学方式，也为产教融合提供了新的可能。通过数字化手段，高等职业教育能够更精准地对接产业需求，实现教育与产业的实时互动与反馈。在新时代背景下，高等职业教育的高质量发展显得尤为重要。这不仅是教育事业自身发展的要求，也是经济社会发展的必然选择。通过深化产教融合，高等职业教育能够更好地服务地方经济社会发展，为产业升级和创新提供有力的人才支撑。

"双高"院校的引领作用在职业教育高质量发展中不可忽视。这些院校在产教融合、校企合作等方面进行了深入的探索和实践，为整个职业教育的发展提供了宝贵的经验和借鉴。当前高等职业教育在产教融合的过程中仍面临诸多挑战。如学校与企业之间的合作积极性不高、对高职院校在深入校企合作中的认识不足、校企合作机制有待完善等。这些问题在一定程度上制约了高等职业教育的高质量发展。高等职业教育产教融合的高质量发展是一个需要政府、学校和企业等各方主体共同努力、共同协作的系统工程。只有建立起完善的产教融合机制，只有真正培养出符合产业发展需要的高素质技能型人才，才能促进经济社会持续健康发展。

在国际上，发达国家的高等职业教育产教融合已经积累了丰富的实践经验，并形成了多样化的产教融合模式。例如，德国的"双元制"模式，企业与学校共同承担职业教育任务，理论与实践紧密结合，使学生在学习过程中就能深入接触到实际工作环境，从而培养出大批高素质的技术技能人才。另外，美国的"合作教育"模式、日本的"产学合作"模式及英国的"三明治"模式都体现出了产教融合的教育发展理念，在各自的国家中取得了显著成效。相较之下，国内的高等职业教育产教融合虽然也取得了一定的进步，但与国际先进水平相比，仍存在明显的差距。近年来，我国政府和教育部门高度重视产教融合在职业教育中的作用，出台了一系列政策措施，推动产教融合的发展。但在实际操作过程中，仍存在诸多问题和挑战。

政策机制不完善是一个突出问题。虽然政府出台了相关政策，但在政策落实和执行过程中，往往因缺乏具体的实施细则和监管机制而导致政策效果不佳。此外，校企合作的不紧密也是制约产教融合发展的一个重要因素。目前，许多校企合作项目仍停留在表面层次，缺乏深度和广度，企业参与度不高，导致产教融合的效果大打折扣。

教学资源不足也是影响产教融合发展的一个重要原因。高等职业教育需要大量的实践教学资源和"双师型"教师,但目前许多高职院校在这方面仍存在较大缺口。实践教学资源的匮乏和教师实践能力的欠缺,直接影响了产教融合的效果和人才培养的质量。

为了推动高等职业教育产教融合的高质量发展,我们需要从多个方面入手。首先,应完善政策机制,制定具体的实施细则和监管机制,确保政策的落实和执行。其次,加强校企合作,深化合作层次,提高企业参与度,形成紧密的产教融合体系。最后,加大教学资源投入,提升教师实践能力,为高等职业教育产教融合提供坚实的基础。国内外高等职业教育产教融合的现状呈现出明显的差异。虽然国内在这方面取得了一定的成效,但仍面临诸多问题和挑战。通过加强政策引导、深化校企合作、加大教学资源投入等措施,我们可以推动高等职业教育产教融合的高质量发展,为经济社会发展和产业升级提供有力的人才支撑。

下面选取某职业技术学院与某知名企业合作开展的产教融合项目进行说明。该职业技术学院是一所具有悠久历史和丰富教学经验的高等职业院校,专业涵盖多个领域,教学质量和社会声誉较高。该企业是一家在行业内具有较高知名度和影响力的知名企业,对人才的需求量大且要求高。双方合作旨在通过产教融合,共同培养符合企业需求的高素质技能型人才。

二、案例实施路径与机制建设

(一)合作机制

在产教融合项目中,合作机制是确保项目顺利推进的基础。该职业技术学院与企业建立了紧密的合作关系,共同制订了详细的合作协议和实施方案。协议中明确了双方的责任、权利和义务,以及项目的目标、内容、时间节点等。同时,双方还建立了定期沟通机制,确保信息的畅通和问题的及时解决。这种合作机制为项目的顺利实施提供了有力保障。

(二)评价机制

在产教融合项目中,评价机制是衡量项目效果的重要手段。该职业技术学院与企业共同制定了产教融合绩效评价体系,包括评价指标、评价方法、评价标准等方面内容。评价指标涵盖了教学质量、学生实践能力、企业满意度等多个方面;评价方法采用定量与定性相结合的方式,通过问卷调查、实地考察、专家评审等多种方式收集数据和信息;评价标准则根据行业和企业的实际需求制定,确保评价结果的客观性和公正性。这种评价机制为项目的持续改进和优化提供了有力支持。

（三）激励机制

在产教融合项目中,激励机制是激发双方积极性和创造性的关键。该职业技术学院与企业共同设立了产教融合奖励基金,对在项目中表现突出的教师、学生和工作人员进行表彰和奖励。同时,企业还为学校提供了实习实训基地、技术支持等资源支持,帮助学校提高教学质量和科研水平。这种激励机制有效地激发了双方的积极性和创造性,推动了项目的深入发展。

该职业技术学院与企业合作开展的产教融合项目旨在培养符合企业需求的高素质技能型人才。项目实施期间,学校根据企业的需求调整教学计划和实践项目,引入企业的实际案例和先进技术进行教学;企业则为学生提供实习实训机会和就业支持。经过双方共同努力,项目取得了显著成效。

在评价机制应用方面,在项目实施过程中,评价机制发挥了重要作用。学校和企业共同制定了产教融合绩效评价体系,并严格按照评价标准和方法进行评价。通过问卷调查、实地考察等方式收集数据和信息,对教学质量、学生实践能力、企业满意度等方面进行了全面评价。评价结果客观公正地反映了项目的实际效果和存在的问题。学校根据评价结果及时调整教学计划和实践项目,提高了教学质量和人才培养质量;企业则根据评价结果对人才培养模式和就业支持进行优化和改进。

在激励机制效果方面,激励机制在项目实施中发挥了积极作用。产教融合奖励基金的设立激发了教师和学生的积极性和创造性。他们更加积极地参与到产教融合项目中,努力提高自身的实践能力和创新能力。同时,企业提供的实习实训基地和技术支持等资源支持也为学校提供了有力支持。这些资源不仅提高了学校的教学质量和科研水平,还为学生提供了更多的实践机会和发展空间。

因而需要从以下三个方面加强机制层面建设。第一,建立紧密的合作关系。产教融合项目的成功实施需要学校和企业建立紧密的合作关系。双方应共同制订详细的合作协议和实施方案,明确责任、权利和义务以及项目的目标、内容、时间节点等。同时,双方还应建立定期沟通机制,以确保信息的畅通和问题的及时解决。第二,制定科学的评价体系。产教融合项目的绩效评价需要制定科学的评价体系。评价体系应包括评价指标、评价方法、评价标准等方面的内容,能够全面客观地反映项目的实际效果和存在的问题。同时,评价体系还应具有可操作性和可比性,方便不同项目之间进行横向比较和纵向分析。第三,建立有效的激励机制。产教融合项目的成功实施需要建立有效的激励机制。激励机制可以激发双方的积极性和创造性，推动项目的深入发展。学校和企业应共同设立奖励基金等激励机制，对在项目中表现突出的教师、学生和工作人员进行表彰和奖励，同时提供实习实训基地等资源，支持、帮助学校提高教学质量和科研水平。

三、案例启示与建议

（一）产教融合政策领域

我国产教融合政策领域主要包括以下内容。

1. 总体指导与规划

2024 年国家产教融合有关政策强调了产业界和教育界之间的合作与融合，旨在促进产业发展和提升教育质量。政策中明确了产教融合对于经济转型升级、提高人才培养质量的重要性。

2. 主要政策措施

（1）加强顶层设计与规划引领。制定中长期发展规划：国家层面制定了一系列关于产教融合的中长期发展规划，明确了产教融合的发展目标、重点任务和保障措施，为各地各部门推进产教融合提供了宏观指导和战略引领。完善政策体系：逐步构建起涵盖法律法规、政策措施、标准规范等多层次的产教融合政策体系，确保产教融合工作有法可依、有章可循。

（2）深化产教融合体制机制改革。建立校企合作长效机制，鼓励和支持企业与高校建立长期稳定的合作关系，共同开展人才培养、技术创新、社会服务等活动。通过签订合作协议、共建实训基地、联合培养人才等方式，实现资源共享、优势互补、互利共赢。推动人才培养模式创新：支持高校根据产业发展需求调整专业设置和课程体系，加强实践教学和实训环节，推行"工学交替""订单培养"等人才培养模式，提高学生的实践能力和就业竞争力。建设产教融合示范基地：依托高校和产业园区等资源，建设一批产教融合示范基地，为产教融合提供实践平台和创新载体。示范基地将发挥示范引领作用，带动其他地区和产业领域推进产教融合。

（3）强化政策保障与支持。加大财政投入：中央和地方财政加大对产教融合项目的支持力度，通过设立专项基金、提供补贴奖励等方式，支持产教融合项目建设和人才培养工作。优化金融服务：鼓励金融机构加大对产教融合项目的信贷支持力度，提供多样化的金融服务产品，降低企业和高校的融资成本。落实税收优惠政策:对参与产教融合的企业和高校给予税收减免等优惠政策,降低其运营成本,提高其参与产教融合的积极性。

(4)加强监督评估与考核激励。建立监督评估机制,建立健全产教融合工作的监督评估机制,定期对产教融合项目进行评估和考核,确保项目按照既定目标和计划顺利推进。实施考核激励机制:将产教融合工作纳入地方政府和高校的绩效考核体系,对在产教融合工作中表现突出的单位和个人给予表彰和奖励,激发其积极性和创造力。

3. 重点任务与规划

《职业教育产教融合赋能提升行动实施方案(2023—2025年)》提出了"1+2+1+1"的产教融合赋能提升行动,即推动形成产教融合头雁效应、夯实职业院校发展基础、建设产教融合实训基地以及深化产教融合校企合作。该方案为2023—2025年职业教育产教融合发展提供了战略性、综合性、系统性的政策支持。

(1)打造"一体两翼"产教融合新格局:政策强调加快构建现代职业教育体系,深化"一体两翼五重点"工作布局,重点在于实施产教深度融合工程,做实省域现代职业教育体系建设改革试点,做强市域产教联合体,建强行业产教融合共同体。

(2)从政策特色与亮点方面看,强调多部门联合制定与颁布政策:政策体系日益丰富,已形成一系列相互配套、由多部门联动的政策体系,注重政策之间的配套性。

(3)突出产教融合的战略地位:产教融合被赋予新的使命和时代内涵,被放在特别突出的战略地位。

(4)着眼于解决教育与产业"错位"问题:政策旨在解决教育与产业之间存在的"错位"问题,促进教育与产业的深度融合。

这些政策为产教融合的发展提供了明确的方向和支持,有助于推动产业和教育界的深度合作,提升人才培养质量,促进经济社会发展。

(二)产教融合建议

1. 政策与制度层面的建议

在推动高等职业教育产教融合高质量发展的进程中,政策和制度层面的支持显得尤为重要。政府在这方面的决策和措施,不仅能为产教融合提供有力的保障,还能激发学校和企业双方的积极性,进一步推动产教融合向更深层次、更高质量发展。

政府应加大对高等职业教育产教融合的支持力度。这种支持不仅体现在资金上,更体现在政策引导和法规制定上。通过出台一系列针对性政策措施,政府可以明确校企双方在产教融合中的权利和义务,为双方的合作提供法律保障。例如,可以制定相关政策,鼓励企业参与学校的教学过程,同时保障企业在合作中的利益。此外,政府还可以通过设立专项基金,对在产教融合中表现突出的学校和企业给予奖励,以此激发更多的学校和企业投入产教融合的实践中。

建立健全产教融合的评价机制和激励机制也是至关重要的。一个科学合理的评价机制,能够客观地衡量产教融合的效果,帮助学校和企业发现合作中的问题,并及时进行改进。同时,通过设立激励机制,可以鼓励学校和企业在产教融合中投入更多的资源和精力。例如,可以设立产教融合优秀成果奖,对在产教融合中取得显著成果的学校和企业进行表彰和奖励。

加强产教融合相关组织机构的建设和管理也是必不可少的。这些组织结构在产业与教育的融合中起着桥梁和纽带作用,有效地促进了学校和企业之间的沟通与合作。通过完善这些组织机构的建设和管理,可以提高产教融合工作的组织化水平和规范化程度,推动产教融合工作向更高质量发展。例如,可以设立产教融合促进中心,负责协调学校和企业之间的合作关系,提供政策咨询、信息交流等服务。

政策和制度层面的支持是推动高等职业教育产教融合高质量发展的关键。政府应加大支持力度、建立健全评价机制和激励机制、加强相关组织机构的建设和管理,为产教融合提供全方位的保障和支持。只有这样,才能激发学校和企业双方的积极性,推动高等职业教育产教融合向更高质量发展。

2. 学校与企业层面的建议

在高等职业教育产教融合的过程中,学校和企业作为核心参与方,其深度合作与交流显得尤为重要。为了进一步推动双方的有效合作,以下从学校和企业两个层面提出具体建议。

对学校而言,首要任务是紧密关注市场动态和产业趋势。随着科技的快速发展与产业结构的不断调整,市场对人才的需求也在不断变化。因此,学校应定期进行市场调研,了解各行业对人才的需求情况,并据此调整专业设置和课程体系。例如,对于新兴的人工智能技术、大数据分析等领域,学校可以增设相关专业课程,以满足行业对这类人才的需求。同时,学校还应主动与企业建立沟通机制,定期交流人才培养、科研合作等方面的信息,确保教育内容与产业需求紧密相连。

企业在产教融合中也扮演着举足轻重的角色。为了培养更多符合市场需求的高素质人才,企业应积极参与到学校的教育教学中来。具体而言,企业可以提供实践场地,让学生在实际工作环境中学习和实践,从而更好地将理论知识与实际操作相结合。此外,企业还可以派遣经验丰富的技术人员或管理人员到学校进行授课或举办讲座,分享行业前沿动态和实际操作经验。这些举措不仅有助于学生提升实践能力,还能让他们更深入地了解行业现状和未来发展趋势。

除在教学领域的合作外,双方还应加强产学研合作和技术服务。学校和企业可以共同开展科研项目,利用各自的优势资源进行技术研发和创新。这种合作模式不仅能提升学校的科研水平,还能为企业提供更多的技术创新成果,从而推动整个产业的升级和发展。学校和企业应在高等职业教育产教融合中发挥各自的优势,加强合作与交流,共同推动人才培养质量的提升和产业创新的发展。通过不断调整专业方向和课程体系、加强实践教学环节的合作以及深化产学研合作和技术服务,我们有望培养出更多具备创新精神和实践能力的高素质人才,为经济社会的持续发展注入新的活力。

3. 教师与学生层面的建议

在高等职业教育产教融合的过程中,教师和学生是不可或缺的两大主体。他们的积极参与和有效互动,对于提升产教融合的质量,培养符合产业发展需求的高素质人才具有至关重要的作用。

对于教师而言,转变教育教学观念是首要任务。传统的教学方法往往侧重于理论知识的传授,而在产教融合的背景下,教师需要更加注重实践教学,将理论知识与实际操作相结合。教师不仅要有扎实的专业基础知识,还要有丰富的实践经验和创新能力。因此,教师应主动与企业建立广泛而深入的联系,了解最新的行业趋势和技术发展,并将这些前沿知识融入课堂教学。同时,教师还应积极参与产学研合作项目,通过与企业技术人员的交流合作,提升自身的实践能力和科研水平,从而更好地指导学生进行实践操作和创新活动。

学生作为产教融合的另一重要主体,也应积极参与到实践教学和实训基地建设中来。通过参与实际的项目操作和生产流程,学生可以更加直观地了解产业需求和职业标准,从而明确自己的学习目标和发展方向。在实训过程中,学生应主动向教师和企业技术人员请教,不断提升自己的专业技能和综合素质。此外,学生还应关注创新创业教育的培养,通过参加创新创业课程、实践项目和比赛等活动,激发自己的创新意识和创业精神,为未来的职业发展奠定坚实基础。

为了进一步提升教师和学生的参与意识和能力,学校和企业也应加强合作与交流。学校可以定期组织教师到企业进行挂职锻炼或参加专业培训,提升教师的实践能力和行业认知;同时邀请企业技术人员来校进行讲座或指导实训课程,帮助学生更好地了解职业标准和行业要求。企业则可以为学生提供更多的实训机会和就业岗位,帮助他们更好地融入职场并发挥自己的专业技能。

通过加强教师和学生的参与意识和能力培养、推动学校与企业的深度合作与交流以及完善相关政策制度等措施的实施,我们可以有效促进高等职业教育产教融合的高质量发展,为产业发展提供源源不断的高素质技能人才支持。

综上所述,首先,产教融合对于高等职业教育的高质量发展具有不可或缺的推动作用。这种推动作用体现在,产教融合能够有效地将教育资源与产业资源相结合,使学生在学习过程中更加贴近实际,提高其实践能力和职业素养。同时,产教融合也为学校提供了与企业深度交流的平台,有助于学校根据市场需求调整专业设置和教学方式,进一步提升教育质量。

其次,政府、学校、企业和学生等在产教融合中的角色定位至关重要。政府需要提供政策支持和资金保障,为产教融合创造有利的环境;学校需要主动适应市场需求,加强与企业的沟通和合作,不断完善教育教学模式;企业需要积极参与产教融合,提供实践机会和职业发展指导,帮助学生更好地适应职场环境;学生则需要珍惜产教融合的机会,努力提升自身的职业素养和实践能力。

此外还应注意到,不同学校在产教融合方面的做法和成效存在差异。这主要是因为每所学校的办学特色、资源条件和市场定位各不相同。因此,各学校需要根据自身实际情况,选择适合自己的产教融合模式和发展路径。例如,某职业技术学院通过与多家企业签订校企合作协议,共同开展人才培养和科研合作,取得了显著的成效。而某高等专科学校则注重与区域产业的紧密对接,根据市场需求调整专业设置,培养了大量符合地方产业发展需求的高素质技能人才。

因而,产教融合是推动高等职业教育高质量发展的关键所在。为了实现这一目标,需要政府、学校、企业和学生共同努力,形成合力推动产教融合实践向纵深发展。同时,各学校也应根据自身实际情况选择适合自己的产教融合模式和发展路径,以培养出更多符合市场需求的高素质技能人才。

近年来在政策成效方面,我国产教融合政策取得了显著成效。一方面,产教融合项目遍地开花,一批具有示范引领作用的产教融合示范基地和校企合作项目相继建成并投入使用;另一方面,人才培养质量不断提升,学生的实践能力和就业竞争力得到显著增强。同时,产教融合也促进了产业转型升级和经济社会发展,为经济社会高质量发展注入了新的动力。

展望未来,我国产教融合领域将继续深化体制机制改革、加强政策保障与支持、强化监督评估与考核激励等方面的工作。同时,随着科技的不断进步和产业的不断升级换代,产教融合也将面临新的挑战和机遇。因此,我们需要不断创新产教融合模式和方法手段,加强国际合作与交流,借鉴国际先进经验做法,推动我国产教融合事业不断向前发展。

第四节　主体层面高等职业教育产教融合绩效评价高质量发展的案例

　　随着经济社会的持续发展和产业结构的不断升级,对高技能人才的需求日益增长。高职院校作为培养技术型人才的重要场所,其教育质量和人才培养模式受到广泛关注。产教融合、校企合作是职业教育的重要战略,它是职业教育的基本模式,是办好职业教育的关键,是高职院校高质量发展的活力所在。目前,职业院校校企合作并未同向同行,运行方式陈旧单一,合作流于表面,企业参与度不高、驱动力不足,形成了"学校教育为主、企业参与为辅"的校热企冷局面。针对高职院校校企合作中存在的问题,以现有的校企合作情况为基础,提出校企合作走深走实的举措,旨在解决高职院校中存在的校企合作不规范、不深入、制度不健全等痛点问题,以促进双方资源共享、优势互补,并实现共赢发展。下面选取调研的成都某职业技术学院为例进行说明。

一、案例背景与现存问题

　　随着国家经济的转型升级,社会对人才类型的需求已从中国制造走向中国创造,需要大批应用型人才。据数据调查,我国高端制造业及现代农牧业方向的人才需求高达 35%,现代服务业需求为 65%,人才结构发生了明显的变化。随着产业的升级与结构的调整,我国人才培养层次的供求矛盾已从学术研究型人才向高质量应用技术型人才转变,而高质量应用技术型人才培养的突破口就是深度实施产教融合战略。高职院校和企业作为教育链和产业链的供给侧和需求侧,良好的合作关系,是推动双方高质量可持续发展的关键。我们调研的成都某职业技术学院与一汽丰田、一汽大众、领克汽车、精典汽车等汽车企业建立合作关系,合作模式为订单班、企业参观、企业老师宣讲等形式。这样的校企合作模式存在以下问题。

　　(一)校企合作时间短,人才培养的质量不高

　　校企协同培养的时间仅限于 1~2 个月,合作时间是在大二下学期,首先邀请企业为准毕业生进行宣讲,说明企业情况、岗位需求和招聘条件,学生根据自己的专业水平和实际情况选择岗位进行面试,面试成功的学生组建成相应企业的订单

班,如精典订单班、大众订单班、领克订单班等。建班之后,首先组织订单班的学生进入企业进行参观,感受企业的文化,了解企业的现状;然后在学校或企业进行为期一个月左右的针对性学习,此时全程由企业人员参与,老师将不再参与其中;最后企业再次进行面试,挑选符合岗位需求的学生进入企业工作,不符合要求的学生则被退回学校,这样短时间的培养模式导致学生对企业文化、企业制度、企业典型任务的操作不熟练,企业对人才培养的目标不熟悉、培养方案不了解,合作没有达到全过程参与,人才培养的质量不高。

(二)校企合作目标不一致,学习内容不交融

调研发现,首先,校企合作育人的目标不一致,企业以经济利益为目的的合作目标与学校高素质技术技能型人才培养目标相冲突,出现育人过程的单方面性,即企业缺人就合作,不缺人就不合作,导致合作不稳定、不长久。其次,就教学内容而言,校企双方事先未进行良好的研讨,缺乏精心合理的安排,导致教学内容较随意,缺乏针对性,甚至出现内容重叠、技能操作标准不一、与市场脱节等现象。这样使得被培养的学生对企业的工作流程、工作标准、企业文化都不了解,不能满足企业的需求。

(三)校企合作制度不健全,评价标准缺失

校企合作双方的权、责、利没有得到有效保障,合作出现“校热企冷”的局面。首先,在缺少制度保障的情况下,企业担心培养的学生毕业时可能不会到企业上班,导致企业对校企合作中的设备、资金、人员投入不多;其次,缺少考核学生学习效果的方案,学生只管学习,学习过程缺少监督和评价机制。学习技能是否达标,企业制度文化是否熟悉,综合素养是否符合企业的要求,都没有系统的检测和评价,只是最后单凭企业面试结果来进行人才的录用,导致订单班中面试不过的学生错过了找工作的最佳机会,面临就业空窗期,影响他们就业。合作制度的不健全,使得校企合作效果得不到保障,校企双方的利益不能最大化。

二、案例中存在问题的原因分析

(一)校企合作缺少制度保障和监督

为促进、规范和保障职业学校与企业的合作,充分发挥企业在职业教育中的主体作用,推动形成产教结合、校企合作、工程结合、知识与实践结合的联合教育机制,在国家层面颁布了《关于深化产教融合的若干意见》《职业学校校企合作促进办法》《中华人民共和国国民经济和社会发展第十四个五年规划和 2035 年远景目标纲要》等文件,目的在于解决校企合作运行机制不畅、合作协议不规范以及教育效

果不明显等问题,形成教育产业相互融合、良性互动的发展格局。然后,当政策在地方落实时,效果并不明显。首先,政府机构没有设置校企合作专门负责机构,也没有召集企业和高校一起讨论出台校企合作相关的实施细则,将国家政策的具体实施细节落实在文件上,没有形成由政府牵头、校企共谋的育人机制;其次,缺乏监督机制和考核机制,企业都在围绕着如何盈利、如何扩大资本进行谋划和布局,对参与校企合作兴趣度不高,参与度不强,大部分企业持一种不重视、不关心、不在乎的态度,忽略了育人本质,缺少社会责任感;最后,针对校企合作的奖惩机制、资金支持机制空缺,不能很好地调动校企双方合作的积极性,使得政策的落实大打折扣,想要深度推动校企合作难度很大。

（二）校企合作形式单一,浮于表面,深度不够

目前部分高职院校校企合作的模式多为订单班、企业参观、企业老师宣讲等形式,没有将合作的内容具体化。企业打着校企合作的幌子招聘廉价劳动力以减少企业的开支,而学生在这个过程中学习的专业技能肤浅,对企业文化与企业制度了解不全面。导致学生工作一段时间后,因不适应工作环境、不认同企业文化、不熟悉工作内容、工作时间长、工作压力大等因素而离职。最终,导致企业不愿意花费大量的精力、物力、财力投入校企合作,合作不深入,浮于表面,缺少活力。学校因培养的学生稳定性差而影响校企之间的再次合作、深度合作,导致出现"校热企冷"的局面。

（三）校企合作企业数量偏少,类型不丰富

高职院校的人才培养强调以实践为中心,以能力培养为主线,这就要求高职院校必须积极搭建校企合作平台,为学生提供真实的、现场的教学环境,让学生远离"学校为中心"的教学模式,使培养的学生能够满足企业的需求,增强学生的市场竞争力和适应能力。为了达到这一要求,高职院校亟须拓展合作企业的数量和质量,与企业深度融合,搭建共同育人的平台。但是目前受合作成本、知识产权保密性及合作成果不确定性的影响,校企合作拓展路子窄、难度大,合作企业数量受限,质量不高。

三、案例实施协同育人模式构建

产教融合即产业、教育两个不同的行业为同一个目标进行的融合发展,它是国家对职业教育可持续发展的顶层设计,是职业院校提质培优的重要路径。就汽车专业校企合作而言,可采用沉浸式协调育人模式。当前汽车技术日新月异,迅猛发展,这要求职业院校在人才培养时,依托企业,准确把握市场的需求,动态调整人才培养方案,合理进行教学改革,深化产教融合,与企业建立联盟,形成"专业＋产业""学

生＋员工"的沉浸式产教融合育人模式。沉浸式的育人模式是指在《中华人民共和国职业教育法》《关于深化现代职业教育体系建设改革的意见》等一系列产教融合政策的引导下,企业深度参与职业教育,发挥企业在职业教育中的重要作用。将校企合作内容由单一的岗位实习贯穿专业市场调研、人才培养方案制订、双师队伍培养、教学内容制定、教学资源开发、教学质量考核、人才录用、员工培训、考核与激励全过程。在每年的学习中将企业需求、企业文化、企业任务、企业管理制度不断向学生渗透,校企共同培养,实现学生与企业、专业与产业、学习内容与工作任务的无缝对接,形成以企业需求为主导,以人才培养为主线,学校、企业双阵地的优势互补、资源互享、互惠互利、共同发展的联盟式合作模式。这种校企合作共同体,协同育人,打造的校企双主体沉浸式培养模式,合作利益惠及社会、企业、学校、学生,将提升学生的竞争力,行业输送高质量的人才,提高学校服务企业的能力和自身的办学水平,推动人才链、产业链、创新链、教育链的有机衔接。校企沉浸式协同合作模式如图 6-1 所示。

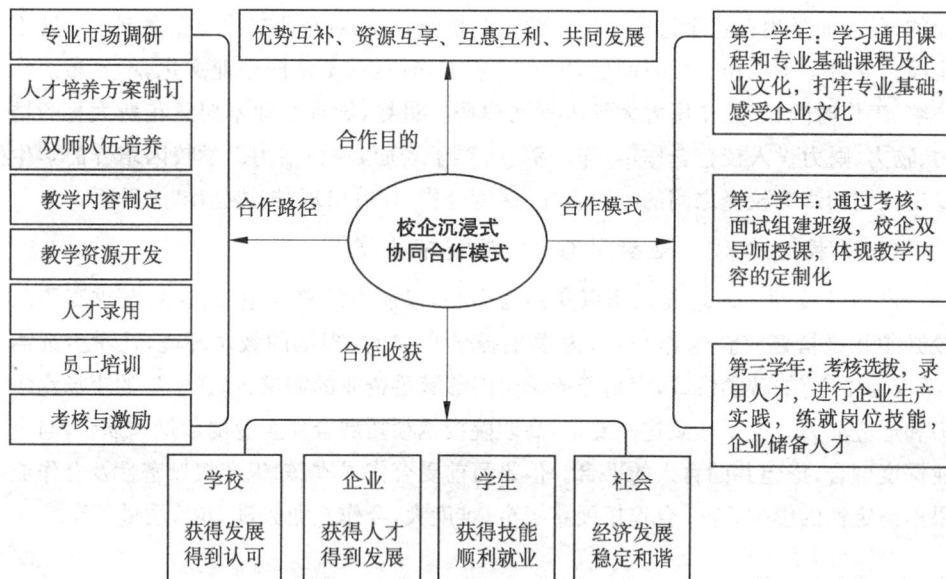

图 6-1　校企沉浸式协同合作模式

四、案例实施协同育人模式的构建路径

　　沉浸式协同育人是指企业深度参与人才培养,在人才培养方案、教学内容、教学模式、资源开发、培养质量考核等领域,特别注重培养质量考核的发展,共同发挥

校企各领域的资源优势,以人为核心,共同培养,最终实现资源共用、优势互补、互惠互利的双赢局面。具体的构建路径如下。

(一)绩效评价的核心体现:人才培养方案的构建

校企双方合作意识达成后,首先双方要共同选派成员组建项目团队,选出团队负责人。在负责人的牵头下,校企双方就企业人才需求、企业用人要求、企业典型工作任务、企业文化制度、人才培养规格、校企合作场地打造、设备投入等内容进行深入座谈、访问、调查,认真交流讨论,形成针对该项目的调研报告。在调研的基础上,校企双方就合作的内容进行认真探讨,拟定具体合作内容,共同完成人才培养方案编制工作。在人才培养方案中,培养目标应符合企业的需求,根据企业需求有针对性地制定人才培养所需的知识、技能、素质、情感等目标,体现出学生的员工身份,如企业规章制度的遵守、企业文化的认同、员工的责任与担当等。课程设置涵盖企业的特色课程,专业核心课程与企业典型工作任务紧密对接,必要时还可以编制校企教材,有针对性地拟定教学任务。同时,在人才培养方案中,还要共同拟定学生选拔条件、师资选拔和培养方案、合作场地布置、教学设备投入、教学模式实施、文化氛围打造等重点合作内容,力求人才培养方案的"定制化",为企业量身打造,以便培养的人才具有高度的适应性,实现"一项目一方案"的校企特色。

(二)绩效评价的内容体现:教学内容的构建

校企合作的"一项目一方案"在具体的落实上重点体现为教学内容、教学模式、教学手段的设计与安排。教学内容除了通用知识的学习,还需针对企业的工作任务制定专门的教学内容,教学内容要围绕企业、源于企业。教学内容可分为三个板块:专业通用技能学习、企业文化学习、企业专项技能学习。专业通用技能学习主要包括本专业的专业基础课程、行业通用技能训练,为学生打牢专业地基;企业文化学习要涵盖企业文化、企业管理制度、从业者职业素养等,目的在于针对性地渗透企业文化,培养学生对企业文化及管理制度的认同感;企业专项技能学习就是针对企业典型工作任务开展教学,这是教学内容安排的重点,将这些任务进行项目化教学,还原真实工作情景,让学生在学校体验工作环境,在做中学、学中做的过程中解决企业生产问题,实现理论与实践的高度结合,培养学生解决问题、勤于思考的职业素养。

(三)绩效评价的价值资源:企业课程资源的构建

建立校企合作实验室,用于研究企业面临的问题、难题,共同研发行业课题,开发企业课程资源等,构建校企合作项目专属资源库,提升科研、教学等综合能力。企业课程资源针对的主体是企业,其目的是培养学生具有某一岗位工作能力,教会学生如何规范完成某一生产任务,它体现出高度的定制化。校企联合,一方面利用学校教师理论知识扎实、文字功底强的优势进行课程资源建设,另一方面利用企业教师实践经验丰富,熟悉实践规范与标准,且掌握企业最新标准要求。将企业文化、企业规章制度、员工职业素养、岗位职责、不同岗位典型工作任务等内容整理融合,按照项目化的方式编写成校企教材,项目涵盖任务目标、任务情境、任务主要涉猎知识要点、任务解决方案制订、任务实施过程、任务实施效果评价、任务考核评分表等基本内容,打造成"一项目一检验"的企业课程。这样的课程资源具有能聚焦、需求准、效果显著的特征,既可以用于校企合作教学资源,也可以用于企业员工培训资源,还可以作为学校教师、企业导师的教学成果,用于其职称评定、职务晋升。

（四）绩效评价的运行体现:教学模式的构建

校企合作项目的教学模式要摆脱"学校为中心"的讲授课堂,做到以企业任务为主,以学习效果为首,校企双元教学。首先推行校企合作技术认证,即企业选择校内教师作为本项目的学科教师,进行培训和评估,并向合格的候选人颁发企业技术认证证书作为校内教学导师;其次推行校企双元教学模式,即校内教师持企业技术认证证书上岗,完成日常教学内容,企业教师固定每月承担 $2 \sim 4$ 次的专项技能教学,校企导师协同培养,使教学内容与工作内容无缝对接,形成双元教学模式;最后推行"一月一考,末位淘汰"制度,企业教师每月入校对培训的学生进行月考,检验学生学习效果,并对考试成绩进行排名,对考试优秀的学生进行表扬墙展示,以榜样作用激励其他学生,对连续 3 次考试排名都在最后的同学进行约谈、再考至淘汰;最后推行"一期一大考,企业跟岗"制度,即在一学期学完后,企业导师根据企业日常生产项目和学生学习内容设置考题,检验学生知识的运用能力、问题的解决能力和小组的合作能力,对考试优秀的学生,企业可提供假期跟岗锻炼的机会,让学生提前体验工作岗位和员工生活。

（五）绩效评价的主体体现:师资队伍的构建

校企合作的师资队伍来源于企业员工和学校教师。通过选拔技能精湛的企业员工及优秀的学校老师共同组成校企项目成员,校企双方共同对选拔的成员进行上课技巧、上课礼仪规范、企业实操技能、企业规章制度等内容的培训,加强产教融合绩效评价体系构建与评价实施主体的师资队伍建设,培养出一批"双师型"教师,既能承担项目教学,还能承担企业员工培训等任务。同时作为长期发展的合作项目,师资队伍的培养还需定时选拔新人、定时考核、定时研讨、定时培训,以保证团队的活力、业务能力及创新力。

(六)绩效评价的实施关键:人才录用的构建

人才培养的最终目的就是解决人才的出口问题。校企合作人才的录用要重视过程的表现,企业将任课老师的评价以及学生平时课堂表现、每月月考成绩、期末成绩等内容作为录用的标准,并辅以相应的选拔考试,综合各方面情况进行人才录用。对于录用的人才,企业要有明确的职业规划、晋升渠道,保障人才的可持续发展。

(七)绩效评价的实施推进:校企合作的考核与奖励机制的构建

目前针对校企合作项目的奖励与考核政策少之又少,导致校企合作缺乏内动力,合作出现校热企冷的局面。究其原因是校企双方未在合作中谋得明显利益,考核与激励机制欠缺。所以建议由政府牵头,出台针对校企合作相关的激励机制及考核验收标准,促进校企深度融合。在合作考核上,可以由政府专门机构,从学生培养质量,就业质量,产教融合度,校企合作水平,政策与监督机制,校、企、生满意度等维度建立考核评价体系,进行校企合作过程的闭环管理和质量监管。在激励机制上,可以减免企业税收、设立专项合作基金、设立校企合作项目奖学金、奖励与宣传校企合作优秀案例、扩大合作学校招生名额等,鼓励校企深度参与合作。同时也作为校企年度考核的指标任务,下达给相关企业与学校,要求企业每年至少完成相应数量的校企合作项目。

校企深度合作育人模式对于提升学生的职业技能与就业竞争力具有显著的作用,培养出来的人才更符合企业的需求,对校企双方的发展来说都是百利而无一害。它是高职院校人才培养的基本路径,是企业人才储备的基本手段,校企双方都应该积极参与其中,认真落实国家关于校企合作的政策文件,探索更深、更细的合作内容,为国家技能人才的培养献力献策。

五、案例实施分析

案例中的学校是一所具有丰富教学经验和较高社会声誉的高等职业院校,而企业则是行业内的领军企业,对人才的需求量大且要求高。双方合作旨在通过产教融合,共同培养符合企业需求的高素质技能型人才。

(一)学校层面

在产教融合项目中,学校作为教育的主体,发挥着至关重要的作用。学校在产教融合项目中,积极与企业开展沟通合作,在双方达成一致的情况下,协同完成人才培养方案和教学计划的制订工作。学校充分利用自身的教育资源,为学生提供优质的理论教育和实践教学。同时,学校还建立了完善的实践教学体系,包括实习实训基地、产学研合作平台等,为学生提供丰富的实践机会。在绩效评价方面,学校制定了详细的评价标准和方法,对学生的学习成果和实践能力进行全面评价。学校还建立了反馈机制,及时收集企业和学生的反馈意见,不断优化产教融合项目。

(二)企业层面

企业在产教融合项目中同样发挥着重要作用。企业根据自身的发展需求,向学校提出人才培养的具体要求。企业为学生提供实习实训机会和就业岗位,使学生在实践中掌握专业技能和工作经验。在绩效评价方面,企业参与评价过程,对学生的学习成果和实践能力进行评价。企业还通过与学生互动,了解学生的学习情况和成长经历,为学生提供职业发展建议。企业的参与不仅提高了产教融合项目的针对性和实效性,还增强了学生的就业竞争力。

(三)学生层面

学生是产教融合项目的直接受益者。学生通过参与产教融合项目,能够接触到真实的工作环境和工作任务,提高自身的实践能力和创新能力。同时,学生还能够获得企业的认可和支持,增强自身的就业竞争力。在绩效评价方面,学生需要按照学校和企业的要求完成学习任务和实践任务,并通过考核和评价展示自己的学习成果和实践能力。学生的表现不仅关系到自身的成长和发展,还影响产教融合项目的整体效果。

(四)政府层面

政府在产教融合项目中发挥着引导和支持的作用。政府通过制定相关政策和措施,推动学校和企业之间的合作和交流。政府还建立了产教融合服务平台和中介机构,为学校和企业提供信息服务和支持。在绩效评价方面,政府可以制定评价标准和方法,对产教融合项目的实施效果进行监督和评估。政府的参与不仅有助于提高产教融合项目的质量和水平,还能够促进职业教育与产业发展的深度融合。

在绩效评价案例实践方面,可以看到学校与企业合作开展的产教融合项目旨在培养符合企业需求的高素质技能型人才。学校与企业共同制订人才培养方案和教学计划,建立实践教学体系,为学生提供优质的理论教育和实践教学。企业为学生提供实习实训机会和就业岗位,支持学生的职业发展。在绩效评价方面,学校、企业、学生共同参与评价过程,确保评价结果的客观性和公正性。在产教融合项目中,绩效评价是一个关键环节。学校制定了详细的评价标准和方法,对学生的学习成果和实践能力进行全面评价。评价标准主要包括理论和实践多个层面,既包括了知识理解的内容，也包括了技术水平的达成部分。另外，还对职业态度和团队协作方面作出了要求。评价方法包括笔试、实操考核、企业评价和综合评价等多种方式。在绩效评价过程中，企业也积极参与评价过程。企业根据自身的需求和标准，对学生的学习成果和实践能力进行评价。在绩效评价效果方面，可以看到通过绩效评价的实施，学校和企业能够及时了解产教融合项目的实施效果和问题所在。学校可以根据评价结果调整人才培养方案和教学计划，提高教育质量和教学效果。企业可以根据评价结果优化人才培养模式和就业支持政策，提高员工的素质和能力。同时，绩效评价还能够激发学生的积极性和创造力，提高他们的实践能力和创新能力。

由此得到相关案例启示：第一，明确各主体的职责和作用。在产教融合项目中，各主体应明确自身的职责和作用，形成合力，推动项目的实施。学校应发挥主导作用，积极与企业方面开展沟通协调，引导企业逐渐主动参与其中，在人才培养方案和教学计划的共建方面迈出第一步，强化共建共享的作用机制。企业应发挥支持作用，提供实习实训机会和就业岗位，支持学生的职业发展。学生应积极参与项目学习和实践，提高自身的实践能力和创新能力。政府应发挥引导和支持作用，制定相关政策和措施推动产教融合的发展。第二，建立完善的绩效评价机制。绩效评价是产教融合项目成功实施的关键环节。学校应建立完善的绩效评价机制，包括评价标准、评价方法和反馈机制等方面内容。同时学校还应注重与企业的沟通和协作，确保评价结果的客观性和公正性。通过绩效评价的实施，可以及时了解项目的实施效果和问题所在，为项目的优化和改进提供依据。第三，加强各主体之间的沟通和协作。在产教融合项目中，各主体之间的沟通和协作至关重要。学校应与企业建立紧密的合作关系，共同制订人才培养方案和教学计划。同时学校还应加强与政府和学生的沟通和协作，确保项目顺利实施和取得实效。通过加强各主体之间的沟通和协作，可以形成合力，推动产教融合项目的深入发展，提高人才培养质量和社会满意度。第四，注重学生的主体性和参与度。学生是产教融合项目的核心和直接受益者，他们的主体性和参与度直接影响项目的实施效果。因此，在产教融合过程中，学校和企业应充分尊重学生的意愿和需求，鼓励他们积极参与项目学习和实践。学校和企业通过设计符合学生兴趣和能力特点的学习任务和实践项目，激发学生的学习兴趣和动力，提高他们的实践能力和创新能力。同时，学校和企业还应关注学生的个人成长和发展，为他们提供个性化的指导和支持，帮助他们实现自我价值和社会价值。第五，强化政府引导和支持作用。政府在产教融合项目中发挥着重要的引导和支持作用。政府应通过制定相关政策和措施，为产教融合项目提供政策保障和支持。例如，政府可以出台税收优惠、资金补贴等激励政策,鼓励企业和学校积极参与产教融合项目。同时,政府还应建立产教融合服务平台和中介机构,为学校和企业提供信息交流和资源共享的平台,促进双方的合作与交流。此外,政府还应加强对产教融合项目的监督和评估,确保项目的质量和效果符合政策要求和社会期望。

由此,可从主体层面加强课程与产业对接、深化实践教学改革、推动师资队伍建设、加强产学研合作等方面探索深化产教融合的实践路径。

第一,加强课程与产业对接。学校应根据产业发展趋势和企业需求,及时调整课程设置和教学内容,确保课程与产业的紧密对接。通过合理合法引入企业的先进技术与相关技术实践案例,聚焦课程内容的情景化发展,强化课堂教学的实战性,以此提升课堂的实效性与学生对课堂教学内容的获得感。同时,学校还应与企业共同开发特色课程和专业方向,满足企业对人才的特定需求。

第二,深化实践教学改革。实践教学是产教融合项目的重要组成部分。学校应深化实践教学改革,建立完善的实践教学体系。通过增加实践教学比重、丰富实践教学内容、优化实践教学方法等手段,提高学生的实践能力和创新能力。同时,学校还应加强与企业的合作,共同建设实习实训基地和产学研合作平台,为学生提供更多的实践机会和资源支持。

第三,推动师资队伍建设。师资队伍建设是产教融合项目的重要保障。学校应重视师资队伍建设,加强教师的培养和发展。通过引进优秀人才、鼓励教师参与企业实践、开展教师培训和学术交流等方式,提高教师的专业素养和实践能力。同时,学校还应建立教师与企业人员的互聘机制,促进双方人员的交流和合作,共同推动产教融合项目的发展。

第四,加强产学研合作。产学研合作是产教融合项目的高级形式。学校应加强与企业和科研机构的合作,共同开展技术研发和成果转化工作。通过合作研究、联合申报项目、共建研发中心等方式,推动科技创新和产业升级。同时,学校还应积极参与行业标准和规范的制定工作,提升学院在行业内的影响力和话语权。

主体层面高等职业教育产教融合绩效评价的案例分析表明,各主体在产教融合项目中发挥着不可或缺的作用。通过明确各主体的职责和作用、建立完善的绩效评价机制、加强各主体之间的沟通和协作、注重学生的主体性和参与度以及强化政府引导和支持作用等措施,可以推动产教融合项目的深入发展,提高人才培养质量和社会满意度。未来,随着科技的进步和产业的发展,产教融合项目将面临更多的机遇和挑战。学校应紧跟时代步伐,不断创新和完善产教融合模式,为社会培养更多高素质技能人才。

第七章

提升策略：我国高等职业教育产教融合高质量推进建议

第一节 高等职业教育产教融合高质量发展的总体逻辑

随着国家技术、产业、职业等发展，当前产教融合的形态和内涵正在发生改变。中华人民共和国人力资源和社会保障部自2019年以来发布数字化管理师、人工智能工程技术人员、人工智能训练师等与现代产教融合目标密切相关的新职业目录。国内高校开始关注传统产教融合与现代产教融合的双向发展，积极探索基于现代产教融合价值观与数字劳动素养的现代产教融合前沿实践。例如，厦门大学与政府、产业园区共建智慧学习工厂，开展微纳制造与智能制造领域的仿生、控制、设计等产教融合创新；华东师范大学专注于学科教学相关的智慧教具数字设计创造；西安工业大学依托智造创新工场开展面向工业云、数字孪生等信息空间的现代产教融合创新。国外高校在现代产教融合教育方面实践较多，如斯坦福大学人工智能实验室为学生提供人工智能数字实践，麻省理工学院媒体实验室以跨学科机构的形式，为学生提供科技、艺术、媒体融合的增强现实实践等产教融合教育。高校作为现代产教融合教育的实践探索者，强化产教融合树德、增智、强体、育美的综合育人价值，在具体实践中以建设产教融合教育资源、环境等形式推进现代产教融合教育新形态。

借助产教融合过程中在生产、交流、分配、消耗等方面与主体交互所形成的生产子系统、交流子系统、分配子系统和产教融合绩效发展层面的耦合关系，即生产子系统对应产教融合资源创生，交流子系统对应产教融合教育指导，分配子系统对应产教融合师资演进,推进产教融合主体、客体、共同体的互动实践,实现育人平台、规制、主体等多维发展,促进培养主体维持主动性,通过推动人才能力持续发展的影响机制来推动产教融合人才培养模式的革新,减少盲目自主创新发展人才培养模式的成本与风险,提升产教融合教育创新机制效率,以实现产教融合发展战略和培养复合型现代化高素质人才为目标。

沿着实践导向,将产教融合的子系统与产教融合问题的优化以及产教融合绩效发展做对应分析,提出相应的解决方案,实现高校产教融合的升级。其中理论层面借助于1997年心理学家维果斯基提出的与产教融合发展相关的理论,该理论具有"六要素""子系统"的理论范式,其中主体、客体与共同体为主要要素,工具、规则与劳动分工为次要要素,同时"六要素"的多重组合又构成生产子系统等"子系统"。相关理论分析强调针对问题的多层次因素发展,旨在解决教学活动的模型设计(卢强,2012;李玉顺等,2022)、共同体育人实践与运行机制(陈正江等,2019;高倩,2016;邵朝友等,2022)等问题,然而多数研究结合"六要素"进行分析,而"六要素"所构成的"子系统"在研究中更具有整合性,在分析高校产教融合的现实问题时更具有针对性和现实性。

产教融合的子系统与产教融合绩效发展具有理论逻辑与实践逻辑的双重耦合:两者都强调学习与实践相结合,主动以新思想、新方法、新技术来解决现实问题,推进持续发展与韧性塑造;两者互为支撑,并产生联动效应,理论层面提升产教融合绩效评价的发展维度与方式,产教融合绩效评价则促进产教融合相关理论的落地实践。具体来看:第一,产教融合理论的生产子系统有助于产教融合资源创生。生产子系统重视工具(即资源)的使用,一方面强化了主客体关系的联结,另一方面强化了工具在主体与客体之间所产生的实用价值。在产教融合中工具的使用有助于教学资源生产与贡献,强化教学智慧效能增长,由此拉近主客体之间发展目标与现实的距离。第二,产教融合理论的交流子系统有助于个性教育指导。交流子系统强调良性交流规则的建立,一方面加强不同主体在规则内的交流互动,另一方面促进这些主体形成新的共同体。在产教融合中规则的建立有助于良性互动的教学活动的实施,全新的教学场域的构建,由此增进具有个性教学要求的师生、生生交互发展。第三,产教融合理论的分配子系统有助于产教融合师资演进。分配子系统强调客体目标达成下的分工合理性,一方面突显客体目标导向而非客体任务导向,另一方面分工杜绝了主体对于工具的过分依赖。在产教融合中分工合理强化教育质量提升目标,驱动主体与共同体开展增强教学效益与价值的群体演进。在产教融合中共同体的参与,有助于推进多元共同体生态与教育价值发展。产教融合绩效评价发展则在生产与贡献、交流与共享、协作与演进、适应与延伸等活动实践中与相关理论形成双向互动。

　　产教融合理论认为,教育教学的过程是促进主体、客体及共同体的内在行为与外在表现互动发展的过程。高校在产教融合绩效发展过程中,其主体为活动目标的行动者与实践者,主要包括高校的教师与学校管理者、开展教育的校企多元主体,同时还包括部分学生。主体活动的指向是客体,在产教融合活动中,客体主要是指产教融合的成果,既可以是物理实体成果,也可以是活动设计类的构思输出。共同体则是产教融合的全体参与者,是一个校内外融合的多元主体,结合产教融合的移动端活动还会包括线上参与主体等。工具、资源、平台等是一个整体元素,用以保障活动开展、成果转化等。规则元素是促进主体、共同体等之间交互互动的中介,其表现形式为系列行为规范与准则。图 7-1 为高等职业教育产教融合高质量发展的总体逻辑。

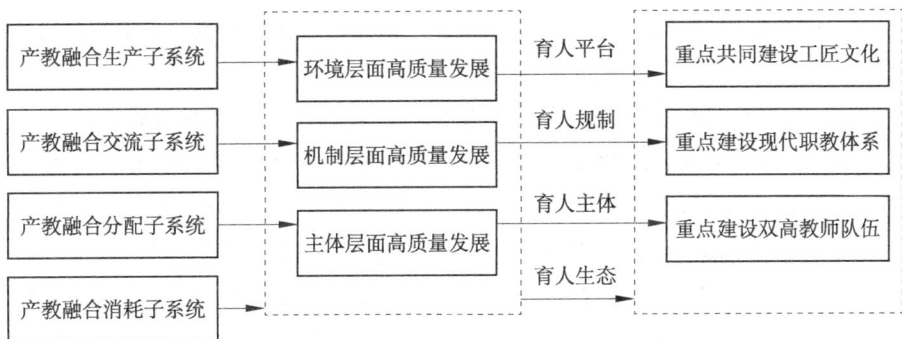

图 7-1　高等职业教育产教融合高质量发展的总体逻辑

　　(一)强化产教融合绩效发展的生产子系统,形成面向数字资源创生的育人平台

　　该部分对应高等职业教育产教融合的环境层面内容。生产子系统作为活动理论中最重要的部分,由工具、主体、客体形成,主要强调主体在工具的调节下达成活动的目标(即实现客体),其与资源支持的缺乏问题具有发展耦合性。西安工业大学智造创新工场强化产教融合工具作用,推动育人平台建设发展。其工场基于劳动教育理论、技能、素养等多层育人目标,围绕专业教育课程、场域、资源、评价、师资等维度开展劳动教育改革,构建线上资源平台、创客资源平台与工程实训资源、实训资源、公益志愿服务资源的"2 平台+3 资源池"模式成为规范产教融合教育流程、进阶产教融合教育技能的四梁八柱。工具在此包括创生资源的平台,从工具的

技术创新发展来看,会走向移动、跨端、虚实结合,如以数字孪生等形式扩展教育体验与场景构建。该子系统对应产教融合中的育人平台功能,主要起教育输入的作用。在生产过程中重视主体与工具等之间的交互作用,发展多样化、个性化的教育平台与学习资源。

第一,加强面向教育内容创新的平台"群"设计。当前我国高校产教融合平台与资源开发存在区域不平衡的现象,产教融合平台资源总量上仍存在不足。而仅由高校开展产教融合数字资源的开发,不仅费时费力,同时,实施标准与教育效果并不相同,这会造成启迪学生数字劳动意识觉醒的情况存在参差不齐的问题。随着高校产教融合与生产实践、社会民生等交互嵌入,高校与行业企业之间的互动合作也越来越频繁,在产教融合方面的合作也越来越全面。一方面持续建设专业资源库,重点加强面向学生自学产教融合的线上学习资源库建设;另一方面还以校企多元主体打造市域产教联合体,组建行业产教融合共同体,加强云课程的智能场景与教学评价平台建设,同时促进师资教育共同体的虚拟教研室建设,打造面向数字化、智能化教育内容创新的育人平台"群"。

第二,强化面向育人平台的内容资源"群"建设。作为一个开放式育人平台的资源,产教融合平台内容的建设不仅局限于专业教育教学纪实、音频视频等资源的传播与推广,它还将依据需要解决的问题持续吸纳所需的核心概念及相关课程群,由此构建起一个问题导向、多类核心概念支撑的多课程的资源"群"。以工业机器人智能制造的教育资源为例,在校企合力开展的实践教育资源建设中,结合具体现实问题,由核心概念群将通用实践科学知识、职业生涯规划、职业与就业技能等专业教育课程群结合起来,为学生带来电子装配实训、特种制造实训等基础工场实训资源,工场大数据实训、人工智能实训、移动机器人实训等智能制造实训资源,创意DIY项目、科技竞赛项目等工程创客资源,也即围绕特定主题将多个专业领域的知识技能整合形成新内容。此外,注重虚拟平台、实训基地等实体资源与学术讲座等形式资源的嵌入,并由此引入多元主体。

（二）完善产教融合发展的交流子系统,实现面向个性教育指导的育人规制

该部分对应高等职业教育产教融合的机制层面内容。交流子系统中主体与共同体基于规则进行交互,进而形成高校产教融合的机制目标。然而产教融合实践发现有与规则相抵触的现象,因而交流互动与协商是进一步完善规则,指向解决细则指导缺乏问题的过程。上海财经大学以科技园建设为根基,建设经济管理领域

产教融合创新创业智慧学习工厂,强化产教融合与创新创业活动的交互协调机制,以大学生创新创业训练计划项目为依托开展产教融合创新创业项目路演和大赛,通过拓宽"匡时班"建设范围等推进人才培养过程中产教融合创新创业核心素养的形成,并在充分协商论证后,将教师指导学生产教融合实践纳入教学业绩与教师职称评审范围,促进个性教育指导机制形成。产教融合作为新形态教育,需要设置专门教育管理机构与教育指导相关规则,加强与数字智能时代所要求的规范、标准、制度方面的交流与共享。

第一,设置面向个性教育指导的教育管理机构。与传统产教融合的线性封闭方式不同,数字时代需要更多的个性化交互过程,因而教学中需要为数字化智能化发展提供更为灵活多样化的教学方法与平台使用方面的支持,设置面向个性教育指导的教育管理机构的作用凸显。该机构兼具教务处与信息化办公室的双重功能,同时因需要减少预期之外的培养障碍,以推进大规模产教融合的个性化发展,需要构建产教融合教育管理机构及以任务驱动、问题导向的产教融合教育研究中心。从收集高校育人环境信息、育人数据、育人技术交互功能等切入,统筹线上学习资源库、云课程智能场景搭建平台、教学评价平台、虚拟教研室等平台数据流转规则,着力研究并完善新型的产教融合教育中平台系统预判功能,推进基于人工智能技术的产教融合个性教育指导。

第二,建设面向产教融合的个性教育指导制度。个性教育指导制度不能按照自给自足的方式来构建,唯有超越传统的科层级组织机构,在已构建的产教融合管理机构及产教融合教育研究中心的基础上,进一步建设具有国内影响力的教育制度,旨在深入推进数字化智能制造领域高素质人才培养的开放协同式校企合作,设立产教融合教育指导规则、产教融合人才培养模式、产教融合教育基地建设制度、产教融合实践学分管理制度,完善校企专兼职教师业绩考核方式、专兼职教师聘任制度等,才能更好地实现组织机构之间教育教学资源的共建共享、产教融合学分的认定、教研活动的深度开展等。可使用数字技术架设信息共享空间和教育展示平台,并以项目制的方式给予产教融合经费配套与人员支持,以促进个性教育,指导围绕学生的兴趣与能力发展空间,开展产教融合教育。此外,要关注数据信息治理的标准与用户隐私规范等,设计虚拟助手、大数据服务等在产教融合教育中的使用制度,并逐步体现在个性教育中。

(三)完善产教融合发展的分配子系统,构成面向师资群体演进的育人主体

该部分对应高等职业教育产教融合的主体层面内容。分配子系统为主体、共

同体、分工的交互提供了可能,其主要推进客体在共同体中的分工与目标实现,耦合师资建设发展机制。华东师范大学自 2021 年起以跨学科实训营为抓手探索数字产教融合,依托"学科教学中智能教具设计与创造"等精品课程建设,强化分工合理的跨学科数字产教融合,基于虚拟现实技术开发智能教具,推动 STEAM 教育理念在产教融合教育课程中的实践,激发学生创新数字劳动发展能力的同时,促使多学科背景教师关注校内外多种数字产教融合资源的整合与开发,强化跨学科师资群体的全面化合作与专业化演进。理论上分配子系统对应数字产教融合中的育人主体功能,主要有协作产出功能,分工的实现主要从高校师资的集群与多样态发展方向出发,解决共同体与分工之间产生的矛盾,进一步实现产教融合在激发学习主体兴趣与内在潜能方面的积极作用,鼓励创新主体实现主体理想。

第一,引导师资建设向多元主体集群发展。为建设具有较高数字化与国际化水平的师资队伍,拓展数字产教融合中的人才链、产业链、创新链,引导政府、行业企业、高校、社会等多元主体共同提供师资力量,并以数字产教融合为源头,加强数字产教融合场域与教育内容的迭代升级,持续加强与高校所在地社区、街道等多元主体对话交流,形成数字产教融合的师资培训与场景实践基地,并从多元主体交互活动中升级师资的知识技能,以适应面向数字产教融合的迭代升级和集群发展效应。引导校企等多元主体协同推进育人平台、育人技术、育人生态的协同创新,把内容、平台、生态与师资建设等研究、执行与落实情况结合起来,贯穿多元主体的实际工作进展,以强化多元主体集群发展的评估与可预期教育指标数据的落实,进一步推进师资建设迭代升级发展。

第二,推进自我管理与发展的多元主体集群演进。基于多元主体集群发展的数字产教融合育人主体是在校本学术服务活动、所在辖区及产学研组织的社会实践活动中衍生而来的具有自适应功能的育人主体集群,其具有自我管理和自适应的属性,能有效满足学生在不同专业领域的数字产教融合中自由流动与变换劳动学习内容的要求,能改善当前数字产教融合师资结构较为松散耦合,专业人士及创新创业导师在教育组织行为、教学标准制定与执行等方面功能显现不足等现象。同时改变了按专业领域组建师资进行管理的庞杂模式,有利于发挥数字产教融合的精准化数据管理优势,在遵守多元主体规则的前提下,依据数字产教融合后台数据分析与专业发展的方向,开拓师资自主管理发展的功能。如智能制造工程专业方向的多元主体,遵循跨学科的工程实践、电子大类专业工程实践、企业工程实践计划等内容体系,演化形成智能制造工程的交叉融合教育共同体,其演进发展将沿着国际化、专业化、数字化的方向不断前进,师资力量的管理由适应问题解决与任务驱动的方式逐步发展成多元协同的个性教育指导的方式。

（四）强化产教融合发展的消耗子系统，实现面向教育价值形塑的育人生态

消耗子系统以主体、客体、共同体构建交互式系统，对应数字产教融合中的育人生态，以其学习与适应作用来促进数字产教融合机制发展。浙江农林大学强化产教融合与农科建设的结合，推进政、行、企、校等主体共建现代产教融合教育共同体，于2021年新增智慧农业、设施农业科学与工程等新专业，紧扣"三农"工作，建构"丘陵林业环境＋种业＋智慧设施"等数字产教融合方向的农业新课程，推进智慧农业认知实践、智能农场规划设计、智慧农业综合实习等产教融合发展，为国家乡村振兴、生态文明与长三角区域经济发展提供支持。在路径上，传统产教融合和数字产教融合教育，可通过育人主体与对象、育人方式中创新现代产教融合教育与人才培养模式，赋能现代产教融合教育环境等方式延伸育人生态链，探索扩大育人生态链与促进育人生态发展的方式，积极发挥主体、内容、平台、技术等多要素在生态发展中的作用，促进高校实现多层次育人生态链的发展。

第一，延展面向教育价值形塑的育人生态链。首先，从育人主体与对象来看，面向学生，依托现代产教融合管理机构及数字劳动教育研究中心，在工业化机器人等现代产教融合实训中赋能教育思想价值，持续融入"实干兴邦"劳动实践观、"民族复兴"实践发展观、"崇尚劳动"实践价值观、"热爱劳动"实践教育观等核心思想。面向校企多元主体，加强多方在现代产教融合教育中的项目研究与教学实践的沟通交流，进一步优化产教融合场景，优化教育管理模式，促进与专业发展方向吻合的育人模式发展，以此弥合多元主体在立德树人、人才培养的教育价值方面的偏差。其次，从育人方式方法来看，以多元主体推动区域一体化教育价值塑造进程，如参照京津冀区域工业App仿真体验基地、珠三角区域数字孪生仿真开发环境建设基地的做法，在学生做中学、学中做的探究过程中，以学生为中心、以结果导向为原则，开展云端小班化教学，有利于协同学生在多元主体赋予的综合复杂的现代产教融合中探索问题解决之道，以统一数字交互实训教学与覆盖全生命周期的技术案例库、技术与人才标准草案等实训课程体系，保证数字产教融合相关问题的解决、知识技能的持续吸收，充分支持现代产教融合教育价值在实践中呈现，促进教育价值的生态发展。

第二，强化面向教育价值形塑的生态优化发展。首先，由扩大育人生态链与促进育人生态发展的视角实现多层次的现代产教融合教育价值塑造。从构建现代产教融合教育价值塑造优化发展机制方面则进一步推动教育价值生态发展。在高校

发展规划中,要体现出产教融合教育的重要地位,同时,还要以专项规划的形式,将现代产教融合教育发展单列,注重总体规划与专项规划的相互承接与发展关系,充分展现技术与教育融合的发展前景,推进高水平高校建设发展。其次,高校产教融合教育需要依托多元主体、多方内容、平台、技术等要素实现生态发展,发挥育人平台群的优势,激活其中数据挖掘、可视化数据分析等智能分析技术,依照学生在产教融合过程中接触式或非接触式数字产教融合的感知情况,提取心跳、呼吸等劳动生理反应,从学生深度画像中给予个性教育指导,并在现代产教融合教育过程中嵌入数字产教融合安全观、现代产教融合与经济建设的迭代发展观等,以迭代开放的思维发展出教育新价值。最后,从现代产教融合教育的总体建设进程来看,建设数字教育生态标准已势在必行,如何依托高校网格化管理与服务标准、ISO 标准化技术构建多元主体共建共享的现代产教融合教育平台、规制,构建现代产教融合教育资源开发标准、现代产教融合教育质量评价标准等,是面向未来的产教融合教育价值形塑的发展方向。

下面基于高等职业教育产教融合绩效评价中的相关问题与已有纾解案例的分析,依托环境、机制、主体等方面的三个建设重点,即重点共同建设工匠文化、重点建设现代职业教育体系、重点建设双高教师队伍,提出育人平台、育人规制、育人主体等方面的发展路径,为高等职业教育产教融合高质量推进提出相关建议。

第二节　环境层面高等职业教育产教融合高质量发展的建议

环境层面主要是指支持与保障我国高等职业教育产教融合机制、主体等层面高质量发展的文化资源建设内容。随着社会经济的发展和科技的进步,新质生产力作为推动社会发展的重要力量,其最关键的因素在于人的发展。作为新质生产力的创造者与使用者,人类是新质生产力发展过程中最活跃与最具决定性的因素。当今社会,人作为社会的重要组成部分,离不开工匠文化的熏陶。工匠文化蕴含着专注、执着、精益求精的精神内涵,这些品质对于个人的成长和发展具有深远的影响。

工匠文化是中华优秀传统文化的重要组成部分和宝贵财富,是激发工匠潜能的核心内容,为赋能新质生产力发展具有深远意义。近年来,随着社区与学校各方面的融合,社校合作已然成为一大趋势。因此,本部分在新质生产力背景下,以学校和社区工匠文化资源的整合为切入点,阐述学校和社区共建过程中面临的挑战与机遇,并提出相应的路径策略。旨在为推动工匠文化的传承与创新,以及促进新质生产力与工匠文化资源的融合发展提供理论参考和实践指导。通过大力弘扬工匠精神,深入挖掘和整理工匠文化资源,不断加强社校合作,推动工匠文化创新发展,让工匠文化在新时代绽放新的光芒,为社会经济的繁荣和文化的传承贡献更大的力量。在这一背景下,社区和地方高校两大教育阵地,都要肩负起传承新时代工匠文化和促进社会经济发展的重任,为发展新质生产力赋能。

一、社校共建工匠文化资源的必要性

(一)社校共建工匠文化资源是时代的需要

习近平总书记强调了发展新质生产力对于推动高质量发展的重要性,而新质生产力以信息技术为核心,具备数字化转型、数据驱动等关键特征,需树立"精品"意识、进行"创新"实践、发挥"质优"力量,而这一切都离不开文化的滋养。2023 年6 月,习近平总书记在文化传承发展座谈会上明确:在新起点上推动文化繁荣、建设文化强国、建设中华民族现代文明的新的文化使命。工匠文化作为我国优秀传统文化的重要组成部分,蕴含着丰富的哲学思想、价值理念等。工匠文化是传统文化的一部分,但随着时代变化,需要挖掘更多适应现代社会生活和生产方式的新元素。这表明校社共建工匠文化不仅是对传统的传承,更要与时俱进,不断创新,这不仅是传承中华优秀传统文化、增强文化自觉与坚定文化自信的实际需求,也是发展新质生产力的内在要求。因此,当今社会,发展新质生产力与传承工匠文化相互统一,且共同为中国式现代化伟大事业作出贡献。高校与社区共同开发具有地方特色的工匠文化优质教育资源,既满足地方经济发展和高校人才培养要求,又符合时代需求。

(二)高校和社区建设工匠文化资源有基础

地方高校和社区都有各自的优势。地方高校建设工匠文化资源具有多方面的优势。首先,地方高校与当地地域紧密相连,对当地的历史、文化、社会和自然环境有着深入的了解,能够更好地挖掘和整合地方特色资源。其次,地方高校与地方政府、企业和社区有着密切的联系与合作,便于搭建资源共享平台,促进资源的互通与利用。再次,地方高校拥有丰富的专业知识和人才资源,能够为地方工匠文化资源的开发与利用提供科学的指导和创新的思路。最后,地方高校还可以通过教育教学活动,培养学生对地方资源的认知和热爱,为地方资源的传承与发展培养接班人。这些优势使得地方高校在地方工匠文化资源建设中能够发挥重要作用,促进地方经济社会的可持续发展。

社区有独特的区域文化和人文优势。社区中有各行各业的且拥有丰富的生活经验和专业知识的居民,以及社区的文化传统、历史遗迹、艺术活动等独特的工匠文化资源的宝贵素材,这些资源有助于学生了解和感受地方文化。同时,社区提供了各种实践场地,如公园、图书馆、活动中心等,方便学生开展实践教学活动,让学校教育不再局限于传统的教材和教学方式,学生能够接触到更真实、更贴近实际的案例和情境。同时,多样化的合作形式,如实地参观、实践活动、讲座交流等,让教育教学形式变得更加灵活多样,充满活力。这不仅提升了教育的多样性和丰富性,使学生能在不同的学习体验中全面发展,而且实现了教育资源的优化整合与共享。

社校共建促进了学校与社会的紧密联系,既满足了高校教育的需求,又满足了社区居民多样的学习需求,也能提升地方高校服务社区的能力。

地方高校和社区在挖掘工匠文化方面是有很多契合点的。第一,双方都关注技能培养与实践能力,地方高校注重培养学生的职业技能,社区则需要具备实践能力的人才;第二,服务对象有重合,都致力于为地方经济和社会发展服务,对文化传承有责任,可共同传承和弘扬工匠文化;第三,双方都能够实现资源共享,包括师资、设备等,可合作开展技能培训、实习就业等项目;第四,双方都能结合地方特色产业,培养特定领域人才。因此,赋能新质生产力,助力中国制造,社校共建工匠文化资源具有必要性。

二、社校共建工匠文化资源问题透视

在进行了大量调查研究后发现,校社共建对工匠文化资源的研究存在以下问题。

(一)校社共建工匠文化资源认识不足

教育部等九部门关于印发《职业教育提质培优行动计划(2020—2023年)》的通知强调,鼓励职业学校积极参与社区教育和老年教育,与普通高校、开放大学(广播电视大学)、独立设置成人高校、各类继续教育机构互联互通、共建共享。社区教育为高职院校提高社会服务能力搭建了一个非常好的平台。近年来,各级地方高职院校积极参与社区教育，不断创新社校合作方式，如建立社区学院、社会实践基地、专业人才定向培养以及多元化的远程教育网络平台等。但是，高职院校参与社区教育存在着服务地方深入不够、影响力不足、效果不佳等诸多问题。

在当前的校社关系中，学校和社区对于共建工匠文化的重要性认识不足这一问题较为突出。一方面，学校可能更多地专注于自身的教学和科研任务，未能充分认识到与社区共建工匠文化可以为学生提供更丰富的实践机会，让他们更好地了解社会需求和文化传承，同时也能提升学校在社区中的影响力和美誉度。另一方面，社区可能认为工匠文化资源建设只是学校的事情，没有意识到自身在其中的角色和作用，也没有看到与学校合作能够带来的效益，如促进社区文化发展、提升居民素质、增强社区凝聚力等。这种认识上的不足，导致双方都缺乏积极主动去寻求合作的意识。学校可能认为与社区合作会增加额外的工作负担，而社区可能觉得主动与学校联系会有一定的难度或不便。如此一来，双方都未能积极地去探索共建的可能性，使得校社共建工匠文化资源的实践相对较少，错过了许多潜在的合作机会和发展空间。因此，提高校社双方对共建工匠文化资源重要性的认识，是推动校社合作的关键一步。

（二）资源整合难度大

学校和社区虽然都拥有丰富的工匠文化资源，但由于它们各自的特点和运作方式不同，要将这些资源整合起来并非易事。

学校通常拥有专业的师资队伍、完善的教学设施以及系统的教育理念和方法，这些资源在工匠文化的传承和教育方面具有重要价值。然而，学校的资源往往相对集中，且主要服务于校内学生群体。

社区则有着独特的优势，如广泛的社会联系、多样的实践场所以及贴近居民生活的环境氛围。社区中的工匠可能来自各行各业，他们的经验和技艺是宝贵的文化财富。但社区资源可能较为分散，且在管理和组织上与学校存在差异。

要整合这些不同类型的资源，需要双方进行大量的协调和沟通工作。例如，需要协调双方的时间安排，确保资源能够在合适的时机得到利用；需要沟通资源的使用方式和目的，以避免冲突和误解；还需要协商资源的共享和分配机制，确保双方的利益均得到保障。这一系列的协调和沟通工作都需要投入大量的时间、精力和人力成本，并且可能会面临各种困难和挑战，如观念差异、利益冲突等。因此，整合学校和社区的工匠文化资源确实需要付出一定的协调和沟通成本，但这也是实现资源优势互补、共同推动工匠文化发展的必要过程。

（三）缺乏有效的合作机制

目前,校社共建工匠文化工作面临的一个突出问题——没有建立起完善的合作机制。沟通协调机制的缺失,使得校社双方在信息交流上出现不畅,无法及时有效地传达各自的需求和想法,导致合作过程中出现误解和分歧,严重影响了工作的推进效率。责任分工机制的不明确,让双方在具体工作中职责不清,出现问题时容易互相推诿,难以形成有效的工作合力。而利益分配机制的不完善,更是容易引发双方在利益分配上的矛盾和争议,破坏合作关系。这些不明确的合作机制就像一个个绊脚石,阻碍着校社共建工作的顺利开展。在实践中,由于缺乏明确的规则和流程,校社双方往往只能凭借经验和感觉去行事,难以做到科学合理地安排和推进工作,最终导致共建工作难以顺利进行,无法达到预期的效果。因此,对于校社共建工匠文化工作来说,建立起完善的合作机制至关重要,它是保障合作顺利进行的基础和关键。

（四）缺乏成功案例的示范效应

目前,校社共建主要集中在传统文化方面,而忽视了工匠文化。然而,社区中的失业人员和再就业培训需求迫切,高职院校的专业设置也应与社会需求相契合,在工匠文化资源建设方面缺乏实际的成功案例作为参考,且其他学校和社区在面对共建这一合作模式时,往往感到迷茫和无从下手。他们不清楚具体该如何开展合作,不知道会遇到哪些困难和挑战,也无法准确预估合作可能带来的效果和收益。没有成功案例的指引,他们在考虑合作时,就缺乏足够的信心和动力,担心投入了大量的时间、精力和资源后,却无法取得预期的成果,甚至可能会遭遇失败。这种对未知的恐惧和结局的不确定性,使得很多学校和社区在迈出合作的第一步时犹豫不决,从而限制了校社共建工匠文化资源的发展和推广。长此以往,校社之间的合作机会将会越来越少,工匠文化的传承和发展也将受到一定的阻碍。因此,我们迫切需要更多的校社共建工匠文化资源的成功案例,为其他学校和社区提供借鉴和参考,激发他们参与合作的热情和信心。

三、社校工匠文化资源的开发与利用路径

（一）深入挖掘不同历史形态、不同地域、不同呈现形式的工匠特色文化资源

高校与社区的联合行动,从古代的传统技艺到近代的工业发展,不同时期的工匠文化都得以被梳理和研究。这些历史形态反映了社会的变迁和技术的进步,为

我们理解工匠文化的演进提供了丰富的素材;不同地域的工匠特色文化资源更是呈现出鲜明的多样性。各个地区因其独特的地理环境、文化背景和历史传承,孕育出了具有地方特色的工匠技艺和传统。这些地域差异使得工匠文化更加丰富多彩,充满魅力;工匠特色文化资源不仅体现在有形的手工艺品上,还包括工艺过程的展示、工匠故事的流传以及相关习俗和仪式等。这种多样性的呈现形式为深入理解和传承工匠文化提供了多种途径和可能。

高校凭借其学术研究的优势,能够对这些资源进行系统的分析和整理,为文化的保护和传承提供理论支持。社区则以其对本地文化的熟悉和深入了解,为挖掘工作提供了实际的经验和线索。两者相互协作,形成了强大的合力。通过深入挖掘这些工匠特色文化资源,我们不仅能够更好地传承和弘扬优秀传统文化,还能为地方的发展提供独特的文化支撑,促进地方的文化繁荣和社会进步。同时,这也为地方高校与社区之间的合作树立了典范,为未来的文化研究和发展奠定了坚实的基础。

（二）拟定联动规划,开展特色课程教学,营造工匠文化氛围

高校教师和社区工作人员共同组成教学团队,开发适合不同年龄段和群体的工匠文化课程。课程内容可以包括理论讲解、实践操作、案例分析等,以满足学习者的多样化需求。

在社区设置此类课程,可以让居民们更近距离地接触和了解工匠文化。这不仅能丰富居民的精神生活,提升他们对本土文化的认知和认同感,还能为社区营造出一种浓厚的文化氛围。课程中可以讲述工匠们的故事,展现他们的精湛技艺和坚韧毅力,让居民们感受到工匠精神的魅力所在。居民们通过学习,还可以掌握一些基本的手工技能,培养自己的兴趣爱好,甚至有可能将这些技能运用到日常生活中,提升生活品质。而在高校设置工匠文化教育课程,则能为学生提供更系统、更深入的学习机会。高校学生作为未来社会的中坚力量,通过对工匠文化的学习,能深刻理解工匠精神的内涵,培养创新意识和实践能力。他们在课堂上不仅能学习到理论知识,还能通过实践操作亲身体验工匠技艺的精妙。这有助于培养学生严谨认真的学习态度和追求卓越的精神品质,为他们今后的职业发展奠定坚实的基础。同时,高校的学术氛围和研究资源也能为工匠文化的研究和传承提供有力支持。

总之,在社区与高校设置工匠文化课程,能让不同年龄段、不同背景的人们都有机会接触和学习工匠文化,共同推动工匠文化的传承和发展。

（三）培养志愿队伍,加强研究学习,保障师资队伍的专业性,形成教育合力

建设一支高素质、熟悉社区情况的专业化教师队伍至关重要。打造这样的教

师团队,是社校联动弘扬工匠文化的关键环节。在课程讲授方面,需要专业的职业队伍来确保传播质量。学校和社区可以吸纳地区的工匠大师、专业教师、社区模范人物、民间艺人以及志愿者等,组成强大的师资队伍。他们相互协作,形成强大的教育合力。通过将理论与实践相结合,让学生更直观地感受到工匠文化对于培育地方特色工匠精神的重要意义,进而营造出浓厚的文化氛围。这样的举措不仅有助于传承和弘扬工匠文化,还能提升学生对本土文化的认知和热爱,为培养具有工匠精神的新一代人才奠定坚实基础。

(四)打造"共建型"教育基地,搭建学习平台

地方高校与社区应建立紧密的合作关系,共同制定规划和目标。高校可以提供学术支持、专业知识和教学资源,同时,在社区内设置展示工匠文化作品和成果的场所,营造浓厚的学习氛围。社区则能提供实践场地、真实案例和生活情境,利用高校的图书馆、实验室、实训室等资源,在社区设立开放学习区域,供居民和学生使用。双方联合成立工作小组,确保各项工作的顺利推进。例如:共同组织各类工匠文化主题活动,包括讲座、工作坊、体验日等,邀请工匠大师、行业专家到基地进行现场教学和指导;积极开展与企业、行业协会等的合作,引入更多的实践机会和资源,让学习者能够接触到真实的工匠技艺和工作场景。鼓励居民和学生积极参与,在实践中感受工匠文化的魅力。

建立线上学习平台,整合各类学习资源,方便学习者随时随地进行学习。通过线上线下相结合的方式,拓展学习渠道,提高学习效果。

(五)建立科学评价制度,提升学习体验和质量

科学的评价制度能够有效促进社校共建的良好发展,不断提升工匠文化资源的利用效率和学习体验质量。一是制定明确的评价指标体系,涵盖资源整合程度、课程设计合理性、教学效果、学生参与度等多个方面,确保评价全面且有针对性。二是采用多元化的评价方法,包括学生自我评价、教师评价、社区评价、高校评价以及第三方评价等,从不同角度获取反馈信息。三是定期开展评价工作,及时发现问题并进行分析,以便采取相应的改进措施。四是建立评价结果反馈机制,将评价结果及时反馈给相关各方,使其了解自身工作的优势与不足,为进一步提升工作水平提供依据。五是持续优化评价制度,使其适应不断变化的需求和情况,确保评价的科学性和有效性。既满足高校教育的需求,又满足社区居民多样的学习需求。

新质生产力的引入为工匠文化资源的共建带来了创新的思路和方法,需要打破传统的局限,开启全新的发展局面。社校共建的模式为资源整合与共享提供了

广阔的平台，使得工匠文化能够以更丰富、更深入的形式呈现出来，触达更广泛的受众。同时，这种共建模式还有助于培养新一代对工匠文化的认知和热爱，激发其工匠潜能，助力技能型社会建设深入推进，激励新时代劳动者在加快发展新质生产力的道路上，为中国式现代化作出应有的贡献。

第三节　机制层面高等职业教育产教融合高质量发展的建议

机制层面既包括宏观层面的国家政策发展，也包括中观层面的校企互动机制，以及微观层面的校内推动产教融合高质量发展的教学改革等相关举措。在此瞄准宏观层面的我国高等职业教育产教融合高质量发展为核心，阐述发展建议。

职业教育现代化的探寻征途中，我国一直走在前列，进入新时代，职业教育现代化同样也迎来了新的发展机遇及挑战。以国家政策支持为出发点，调研全国职业院校现代化改革进展，从资金、校企合作、师资三个方面分析经济发展不均衡对中国式职业教育现代化改革产生的影响；学习国外先进职业教育发展理念，对比德国、新加坡职业教育体系，分析中国职业教育系统中存在的问题，从教学质量、职业教育认可度、职教本科分析取得成果，清晰定位中国式职业教育现代化改革现状。以中国职业教育实现现代化为目标，以集中力量发展高水平职业院校、优化现有职业教育体系、政府参与下细化校企合作实施方案为行动路向，推动中国式职业教育现代化改革。

一、高等职业教育产教融合发展的政策支持

基于教育强国战略任务，国家在中国式现代化进程中就职业教育出台了一系列政策性文件，为职业教育现代化改革提供强有力支撑。早在 2014 年，国务院召开全国职业教育工作会议，出台《关于加快发展现代职业教育的决定》，继而教育部等六部门印发《现代职业教育体系建设规划（2014—2020 年）》。2019 年 1 月，国务院印发《国家职业教育改革实施方案》，明确提出以提升职业教育现代化水平为总体目标，要求"完善职业教育和培训体系……着力培养高素质劳动者和技术技能人才"。紧接着教育部等九部门联合发布《职业教育提质培优行动计划（2020—

2023 年)》,详细规划了 10 项任务与 27 条举措,对中国式职业教育现代化改革进行顶层设计与整体推进。习近平总书记在 2021 年 4 月全国职业教育大会上强调:"在全面建设社会主义现代化国家新征程中,职业教育前途广阔、大有可为"。2022 年 5 月,新修订施行的《中华人民共和国职业教育法》指出:"职业教育是与普通教育具有同等重要地位的教育类型,是国民教育体系和人力资源开发的重要组成部分,是培养多样化人才、传承技术技能、促进就业创业的重要途径。"并对职业教育体系、实施、保障、职业学校和职业培训机构等各方面做出了详细规定。

从上述一系列的政策文件中可以看出,中国式职业教育现代化改革已经进入新的发展阶段,在中央战略发展方针指引下,国家立足中国式现代化建设趋势,致力于完善教育强国背景下的职业教育发展目标,促使中国式职业教育现代化建设体系日臻完善,为全面建设教育强国提供有力人才和技能支撑。

二、高等职业教育产教融合发展的问题与现状

在全面推进我国社会主义现代化建设过程中,提高职业教育适应性、提升职业学生社会地位是重点建设内容之一。纵观我国职业教育改革现状,虽然取得一定成就,但其与国家现代化发展进程相比还存在一定差距,我国职业教育改革进程在整体上呈现一定非适应性。下面从遇到的问题和取得的成果两方面对我国职业教育现代化改革现状进行分析。

(一)遇到的问题

职业教育现代化改革是我国现代化进程中至关重要的一环,是实现"两个一百年"目标的基石之一,研究与总结职业教育现代化改革目前所遇到的问题,分析原因才能对其进行突破,加快职业教育现代化改革步伐,促进中国现代化发展。本书通过对我国职业院校改革情况进行调研,对比西部地区与发达地区职业教育现代化改革情况,发现目前我国职业教育现代化改革进程中,现存的主要问题有两个大的方面——中西部地区职业教育改革进展整体落后于发达地区、现代职业教育体系适用性有待提升。

1. 中西部地区职业教育改革进展整体落后于发达地区

中华人民共和国成立后,为培养技能型人才,我国从苏联引进了中等技术学校和技工学校教育模式,为当时的中国发展提供了大量人才。但在 20 世纪 90 年代

中期以后,在职业教育学生就业困难及当时高校扩招等内外因素的共同作用下,我国职业教育发展停滞不前。随着我国改革开放进程加快,经济进入快速增长时期,职业教育发展重新被重视起来。但是,由于地区经济发展的不平衡导致对职业教育改革的投入与重视程度不同,经过长时间不平衡的累积,最终在中国式职业教育现代化进程中,造成了中西部地区职业教育改革整体落后于发达地区的局面。这种不平衡体现在三个方面:资金投入、校企合作、师资能力。

(1)在资金的投入上,西部地区职业院校整体平均值低于发达地区。造成该结果的原因是多方面的,除与地方财政收入有关的一定原因外,中西部地区职业院校的受重视程度低于经济发达地区也是重要原因之一。经济发展相对落后地区能够提供的工作岗位较少,在能够提供的工作岗位数量低于本地区毕业生数量时,传统思想认为,学历越高,越容易找到工作,相对而言,专科生的就业形势比本科生难,特别是2020年以前。对此,虽然国家大力提倡职业教育大有可为,但是,在学生、家长、企业心里职业教育的接受程度较低,社会认同度不够,导致地方政府即使想重视,也不敢大量投入资金,只能一步一步试验,最终导致职业教育现代化改革进展较慢。

(2)校企合作是现代职业教育改革的重点项目之一,也是提升职业教育质量的重要方式。常用的校企合作方式有订单式培养、共建校外实训基地、工学交替、现场工程师培养等方式,虽然呈现形式不一样,但其核心都是学校与企业资源共享、信息共享,培养企业需要的人才,做到人才培养与市场接轨,提高学生就业率。但是,由于地区经济的限制,在提供校企合作企业数量上,中西部地区低于经济发达地区,特别是在合作实际效果-资源共享上,中西部地区的效果一直有待提升。对此问题,通过对比中西部地区与经济发达地区职业院校校企合作理念、办事效率等因素,发现经济发达地区在校企合作企业的选择上更加果决、目标更加明确、规划更加清晰——促进学校发展,不会过多对比多家企业再择优选择,如果双方目标都能达到、能实现双赢那就开始合作,经济发达地区校企合作多、资源共享程度高,学校培养的学生也更加符合企业要求。

(3)在师资能力上,中西部地区相比经济发达地区存在较弱的问题,不仅是在职业院校存在,从小学到初中、高中,甚至本科院校都存在且有越来越严重的趋势。对于中西部人才流失问题,早在2017年教育部部长陈宝生就公开呼吁"东部各高校,请对中西部地区高校的人才'手下留情'",国务院印发的《关于加快中西部教育发展的指导意见》也指出:在高水平人才引进方面加大倾斜力度。在职业教育改革上,针对师资问题也存在同样的困境。经济发达地区能提供给教师的无论是待遇还是发展机会上,相比中西部地区高不少,故学校师资能力的差距也影响了中西部职业教育现代化的改革进展。

2. 现代职业教育体系适用性有待提升

我国现代职业教育体系是以适应地方经济社会发展需要为目的,以满足人民群众多样化职业教育需求为核心,形成由中职、专科、本科到研究生的有机衔接。构建职业教育、普通教育、继续教育相互沟通的现代职业教育系统,结构如图 7-2 所示。

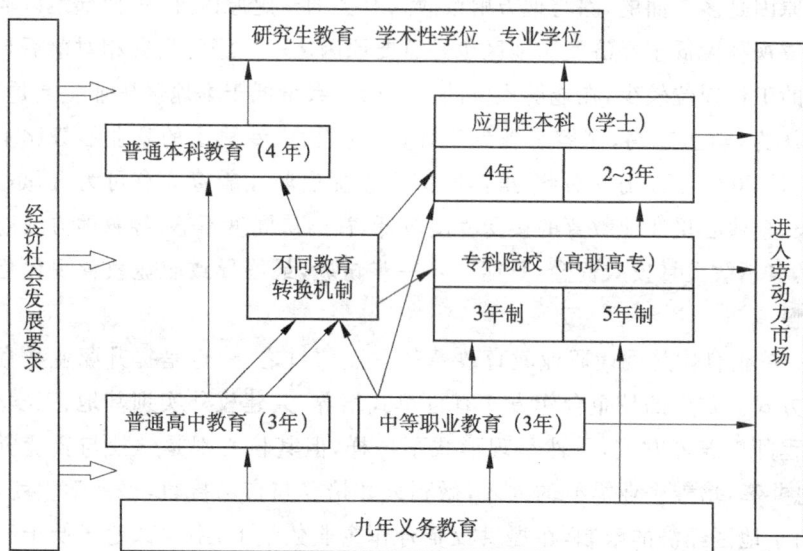

图 7-2　中国式现代职业教育体系结构

由图 7-2 可以看出,研究生教育依然处于教育体系结构顶层,它反映了目前社会对各阶层教育的认可度,职业教育在图 7-2 中属于中层。从实际情况来看,最近几年,特别是 2023 年后,由于经济的影响和国家大力推行,高职高专职业教育相比少部分应用型本科院校地位有所提升,特别是公办专科院校的地位有比民办本科更高的趋势。但是就整体而言,我国整体的教育趋势还是以本科为主,然后通过考研、考博最终达到最高层——研究生教育。归其原因,从图 7-2 中可以看出,没有为职业教育学生提供一条专门的提升路线。

下面对比德国和新加坡职业教育体系,分析我国目前现代职业教育体系在适用性上需要提升的地方。

(1) 德国是双元制职业教育体系,其相比我国有两大明显优势:①研究型大学、应用技能大学地位相同，再往上升，都属于继续教育，社会对其认可度是相同的。其主要原因是德国经过一百多年的职业教育改革后，企业以其自身发展需求为导向，主动参与职业教育，学校经费投入也以企业为主。据统计，德国学生参加职业教育不需要缴纳学费，在职业技能人才培养过程中，企业承担了约 2/3 甚至更多的经费，参与职业培训的企业通常可以享有政府在税收、补贴等方面的政策倾斜，企业的职业教育费用可计入生产成本。②由于企业的深度参与，其培养的学生的质量与企业的要求符合度较高，再加上学生读书时，其费用由企业提供，从整体上相比我国而言，其有付出经济成本小、就业率高的特点，学生在毕业后基本能够养活自己，因此后续学生需求不会过高，就算学生有向上提升学历的想法，该体系也为其提供了通道。图 7-3 所示为德国职业教育体系结构。

图 7-3　德国职业教育体系结构

（2）新加坡职业教育体系的特点是——ITE（工艺教育学院）。ITE 由新加坡教育部成立，为中学毕业生和继续教育以及工作人士提供就业培训。该体系的核心思想是终身学习、最终目的是就业。具体实施方法是，职业院校在专业、课程等设置上，要能够为未来新出现的岗位提供人才。此外，新加坡对职业技能等级的认定有一整套方案。首先，从企业角度看，在员工选择上，以国家规定的技能等级证书为依据，决定学生能否被聘用；其次，在政府政策上，为每个人提供专供技能培训的资金，帮助其拿到想从事职业的技能等级证，促进学生就业；最后，在普通民众上，可以有多种途径就业，不会有学历限制问题。图 7-4 所示为新加坡职业教育体系结构。

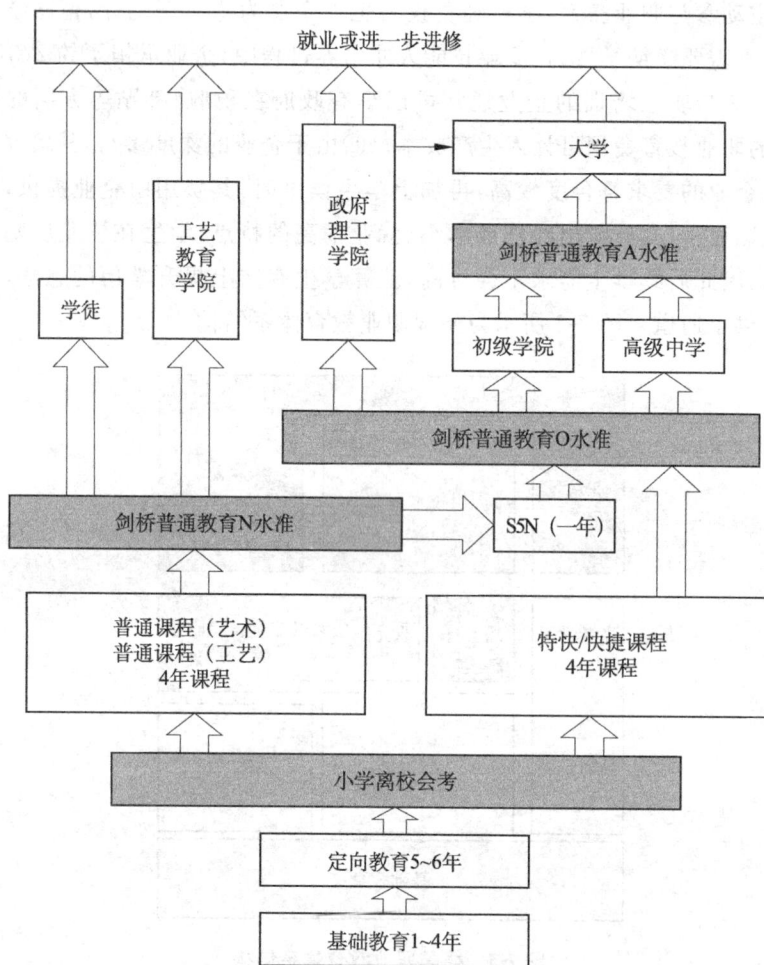

图 7-4　新加坡职业教育体系结构

注：S5N 是指中学四年级后参加 N 级考试，通过的可以在第五年参加 O 级考试。

通过对德国、新加坡等地职业教育体系的分析研究，可以发现目前我国职业教育适应性需要提升的主要方向如下。

（1）职业教育培养体系应与研究型教育培养系统放在同等地位，增加社会对职业教育的认同感，降低学历在就业中的隐性歧视。

（2）继续完善我国职业技能认定体系，以工作岗位为主要对象，以企业要求为核心，以培养实际技能为目的，完善职业技能种类，系统化整合认定机构，完善整个职业技能等级认定体系。

（二）已有发展成就

虽然我国在职业教育现代化进展中还存在一些问题，特别是对比德国、新加坡，但德国现在的职业教育体系也是经过一百多年摸索才慢慢完善的，而新加坡公办本科院校就有六所，整体形势决定了职业教育的地位不低于本科教育，且新加坡人口基数、国土面积相比中国少太多，故其岗位类型也会少很多，在实施改革时，其困难相比中国职业教育改革会少。根据调查显示，目前我国职业教育现代化改革已经取得了较大成就，主要体现在职业教育教学质量明显提升、学生对职业教育认可度有所提高两个方面。

1. 职业教育教学质量明显提升

职业教育现代化改革进程中，就业是最终目标，教学质量是实现途径之一。2020年教育部等九部门发布关于印发《职业教育提质培优行动计划（2020—2023年）》的通知，全国职业院校高度重视并纷纷开始行动。在教学质量评价标准上，构建教学质量保障平台，在具体实施上，从以评促教、以证促教等各个方向出发，提高学生动手能力和逻辑思维能力。

（1）以评促教，评学融合。教学评价是体现教学质量最直观的方法之一。传统教学评价以考试为主，形式相对单一且缺乏动态分析。在职业教育现代化改革进程中，引入以评促教、以评促学、评学融合的方式来多样化、动态化分析和评定教学质量。实施过程中遵循形式上多样、目的为指导、结果要系统、教师来监督四个原则。在实现方法上有教师评价、学生互评、企业指导老师评价、小组评价等方式。此外，为更好地动态分析教学质量、鼓励学生多方面进步，引入了增值性评价和劳动教育评价。该方式充分考虑了学生特性，从学生一段时间内学业成绩变化和平时劳动态度出发，更加系统、全面地评价了学生情况，也更加客观地反映了教学质量。

（2）以证促教，课证融通。2021年国务院制定出台的《国家职业教育改革实施方案》中提出了"1＋X"证书制度，其中"1"为学历证书，"X"为若干职业技能等级证书。课证融通过程中，将X证书的考核标准、培训内容、岗位技能与已有课程标准、课程内容和实习实训有机结合，重构课程体系，缩减额外的针对证书考试培训的课时。以学校为主体的课程训练与以企业为主体的岗位实战相结合，实现课程与教学对X证书标准的全面支撑，从而提高教学质量。

2. 学生对职业教育认可度有所提高

《中国制造 2025》的核心目标：从制造业大国向制造业强国转变，最终实现中国制造业强国的核心目标。职业教育是培养技术技能人才、促进就业创业创新、推动中国制造和服务上水平的重要基础。在国家的大力推崇和整个中国行情下，职业教育在我国教育行业的地位逐步提升，以前学生和家长所面临的"职业教育发展困难""工作难找"等问题已经开始逐步改善。目前我国职业教育提供的技能型人才已基本覆盖国民经济的各个领域，每年为企业提供数以百万计的高素质技术和技能型人才。在现代制造业、战略性新兴产业、现代服务业等领域，新增一线员工 70％以上来自职业教育院校毕业生，学生对职业教育的社会认可度显著提高。

3. 发展职教本科，逐步打破职业教育层次壁垒

职业教育现代化改革以来，打破职业教育层次壁垒、提高职业教育地位是发展职业教育的核心问题。为突破该难题，《国家职业教育改革实施方案》里强调："职业教育是'类型'教育，不是'层次'教育，和普通教育同等重要"，并创新创建职教本科制度，成功打破高职专科带来的学历天花板问题。本科层次职业教育首次被提出是在 2019 年 2 月印发的《国家职业教育改革实施方案》里，发展至今已有 33 所职业院校成功独立举办职教本科教育。职教本科作为现代职业教育体系的领头羊，其特点是培养具有创新能力的高技术性人才，主要面向现代化中国建设中高端领域培养人才。职教本科教育在培养学生方式上，其突出特点是以学生动手操作为载体，过程中自主归纳总结知识，并对知识进行迁移创新，再以动手操作方式进行验证，形成从实操学习到理论归纳再到创新操作的学习过程，在保证职业教育本身特点的同时，加入创新意识，突出职教本科特点，保障其长久发展。

三、高等职业教育产教融合的发展路径

中国式职业教育现代化改革方向要与中国特色社会主义制度优势相结合，在职业院校已有成果的基础上，为职业教育现代化改革提供完善的制度保障，从而走出一条符合时代理念、符合我国国情需求、符合民族发展的职业教育发展之路。在此从宏观层面分析认为，想要实现中国式职业教育现代化改革，主要聚焦在以下三个方面。

（一）集中力量发展高水平职业院校

改革开放至今，特别是进入 21 世纪以后，我国政府一直在大力发展职业教育现代化,党和政府在职业教育现代化改革中起着领导和统筹全局作用的同时,提供了大量资金和政策支持,为我国职业教育硬件设施、学生经费等方面做出了巨大的支持和艰难探索,由此也取得了较大成就,使我国职业教育发展到今天的面貌。随着中国现代化建设的发展,中国式现代化也进入新的历史阶段,集中力量发展高水平职业院校,发展高质量职业院校,培养高质量职业技能人才,成为目前发展的主要方向之一。在国际上不少国家通过增加职业教育经费、加强职业教育管理、实施多方合作、完善现代职业教育体系、提高职业教育水平,积极保障或提高高等职业教育的质量和社会地位,以确保其职业教育及相关产业的国际竞争力。在此背景下,我国选择了几所高职院校作为重点投资对象,建设一流的高职院校,这是积极应对职业教育竞争、适应社会经济发展需要、增强自身吸引力的重要战略选择。

(二)优化现有职业教育体系

我国现有职业教育体系是以中国现代化国情为基础,在现有职业教育体系下、借鉴发达国家职业教育构架的基础上制定的,如本书前面所说还存在适应性不够高的问题。中国职业教育改革以来,我国探索和试验了各种各样的职业教育体系,均未得到长期有效实践,归其原因,可以从下面三个因素来考虑:一是改革,我国进入改革开放时期后,国家发展迅速,各方面人才需求缺口较大,出现只要读书就能够有稳定工作的现象,对职业教育虽然重视发展,但未形成规范化管理;二是时间,我国经过改革开放时期的快速发展,短短 40 多年,教育已进入完全不同的状态,但还未给职业教育现代改革提供足够探索的时间;三是社会地位,职业教育学生的社会地位在社会快速发展后有所降低,导致大部分学生不愿意去接受职业教育,影响职业教育体系建设的实践。对此,以结果为导向——提高职业教育学生就业地位为主要方向,以制度为保障——构建中国式职业教育现代化的制度体系,专研各国职业教育体系优缺点,结合我国现代化国情,融入以人民为中心、文化自信内核,优化现有职业教育体系,提高适应性,促进我国职业教育现代化改革。

(三)政府参与下细化校企合作产教融合实施方案

校企合作产教融合一直是职业教育改革的重点推进内容之一,良好的校企合作产教融合能实现双赢。校企合作在产教融合过程中,实现学校和企业之间的信息和资源共享,利用企业提供的设备,消除企业对人才培养场地问题的担忧,是深化职业教育现代化的重要途径。它使学生能够将他们在学校学到的知识与企业的实践经验相结合,使学校和企业在设备和技术方面优势互补,节省教育和企业成本。如何实现高质量的校企合作,达到双赢目的一直是实践过程中的拦路虎。通过对西南地区职业院校校企合作进展进行调研和分析,发现目前校企合作主要存在愿意参与校企合作企业不够、校企合作徒有其形等问题,而出现以上问题的主要原因是校企合作具体实施方法不明确、合作共赢点难以达到平衡,更有甚者校企合作只是一个名词在使用,并未进行详细实施。对此,可让地方政府统筹规划校、企合作双方,细化具体实施方案,构建地方校企合作信息共享平台。以地方政府为主导,保障校企双方利益;以详细实施方案为标准,保障实施过程的有效性;以提高人才培养质量为目标,助力职业教育现代化改革,深化产教融合,逐步实现产学"双赢",最终为国家现代化发展作出贡献。

毛主席曾说过:"世界是你们的,也是我们的,但是归根结底是你们的,你们青年人朝气蓬勃,正在兴旺时期,好像早晨八九点钟的太阳,希望寄托在你们身上。"青少年才是中国的希望、中国的未来,教育是培养青少年最有效的途径,重视教育发展、教育改革是实现中国现代化的根本方法。职业教育作为国民教育体系的重要组成部分,肩负着培养高素质劳动者和技能人才的责任。集中力量发展高水平职业院校、有序有效推进现代职业教育体系建设改革,加快构建政、企、校协同的职业教育高质量发展新机制,是职业教育现代化改革重点方向,能为实现国家现代化助力加速。

第四节　主体层面高等职业教育产教融合高质量发展的建议

主体层面主要包括政府、高校、企业、学生、家长等层面,从发展高等职业教育产教融合内涵来看,其核心动力主要来自高校和企业,由于高校目前承担着培养学生的主要责任,因而强化推进双师型教育队伍建设是主体层面建设的重中之重。教师队伍建设具有牵一发动全身的功效,它是拉动政、行、企、校、家联动性发展的关键,是高职院校实现内发式进步的动力。在高等职业院校处于新一轮"双高"建设中,尤其是在厉行节约、集中力量办事的理念指导下,积极主动发挥人的主观能动性,创造性地开发优质办学资源,大多是由教师这一主体来实现的。

新一轮"双高"背景下，"双师型"教师队伍建设，需要通过专业实训和实践，考核了解教师应具备的学习能力、创新发展能力、资源整合能力，调整"双师型"教师团队的内在结构，与企业共同进行教师能力认定。打造校企联合的高素质人才培养体系，制定精准的教学管理决策，只有建立骨干教师团队，才能完善现代化教学体系，全面落实国家职业教育改革方案，促进高职院校教育工作的高质量发展。打造高水平的双师型教学团队，落实产教融合的发展理念，让"双高"计划精准对接当地的产业发展结构，制订科学有效的专业教学计划。

一、新一轮"双高"背景下高职"双师型"教师队伍建设重要性

（一）"双师型"教师队伍建设能够提高高职师资队伍质量

在"双高"计划的影响下，想要培养出德艺双馨的高素质教师人才，需要引进工学结合的教育培训方案，在企业的支持下开展校企合作，建设校外人才培训基地，让专职教师能够直接参与企业项目进程中，熟悉专业对口的企业环境。在教学指导过程中，适当调整实践教学内容，让实践教学体系更加符合企业发展需求，增强学生的自主创业、就业能力。随着高职院校办学规模的不断扩大，高职院校的师资质量有待提升，在引进大批量优秀人才的同时，还需要达到提质增效的教学改革目标。"双高"背景下高职双师型教师队伍建设，能够通过实践调研了解到当前高职院校教育工作开展面临的突出问题，改善当前的高职院校教育改革现状，完善高职院校内部教学体系。建立由高素质教职人员共同组成的双师型师资队伍，保证各类实践教学任务的稳定开展，总结自己多年的从业经验，创新实践教学体系。

（二）"双师型"教师队伍建设能够满足"双高"计划执行要求

在"双师型"教师队伍建设的过程中，需要参考"双高"计划的实践要求打造实践项目，根据专业特点严格划分师资队伍类别，在教师综合素质培养的过程中，要求教师进入企业实习岗位参加企业综合实训，保证"双师型"教师队伍建设质量，实现高职院校师资资源的有机整合。围绕"双高"计划的执行要求，对双师型师资队伍的培养指明方向，为广大教职人员提供更为顺畅的教学指导路径，培养出具有优秀职业技能的教职团队，在实践教学指导过程中发挥引导性作用。教师有针对性地向学生传递大国工匠精神，聚焦新时代的人才培养需求，调整人才培养规格，运用高水平的师资和教学力量，推进"双高"计划的落地实施。

（三）"双师型"教师队伍建设能够促进职业教育现代化建设

高职院校通过"双师型"教师队伍建设，能够全面提高师资队伍质量，制定与双师型教师培养密切相关的标准文件，对双师型教学团队的构造进行全面剖析，运用现代信息技术，完善职业教育改革机制，打造与高职院校教学体系高度适配的人才培养体系。紧跟时代的发展要求，以优秀教师队伍建设为基础，加强各部门之间的通力协作，整合社会、学校、政府、教育机构等多方主体的人才培养意见，利用开放式、交互式的实践平台，打造具有专题教育指导意义的实训场景，为教师提供实践技能操作与演示的平台，打造与教师教学工作密切相关的实训场景。教师能够凭借多年来的从业经验，制定出最优的教学策略，线上教学实训突破时间与空间的限制，培养教师创新发展思维，有效缓解教师的实训压力，采用线上线下相结合的"双师型"教师培训体系，邀请企业高素质人才和专业教育专家定期开展线上培训会议，以专题讲座的形式提高教师的职业素养。

二、新一轮"双高"背景下高职"双师型"教师队伍建设问题

（一）"双高"背景下高职师资队伍结构不合理

高职"双师型"教师队伍建设进程中，首先需要解决高职师资队伍结构不合理问题，许多高职院校"双师型"教师队伍存在兼职教师缺位，兼职教师未被纳入"双师型"教师评定体系中，"双师型"教师团队以校内的专业任职教师为主，缺乏与"双师型"教师资格认定相关的管理程序。大多数教师未达到双师型教师的评定标准，为了确保"双高"计划的稳定落实，"双师型"教师培养需要从理论引导和实践能力提升两个方面入手。"双高"计划中明确规定："双师型"教师队伍的培训需要对接企业的生产一线，增强教师对岗位技能的认识，要具备直接参与企业进行生产的能力，但高职院校的教师即使接受学校开展的专业培训，只学习了基础知识和基本操作能力，无法满足企业发展进程中提出的专业生产操作需求，高职师资队伍结构不合理问题的存在，严重影响到高职"双师型"教师队伍的建设成果。

（二）"双高"背景下高职教师职业认定不科学

高职"双师型"教师队伍建设进程中，缺乏统一的"双师型"教师认定标准，相关规定不健全、认定标准过于粗糙、缺乏具体的实施细则，严重影响到"双师型"教师资格评定的权威化。不同地区的"双师型"教师认定方案存在明显差异，高职院校对"双师型"教师的能力认知存在差异，导致在教师能力考核过程中未充分体现出

"双师型"教师的职业特征。只是采用传统的教师考评方式，将教师取得的科研成果以及获取的教学成绩作为教师职业评定和绩效分配的重要参考指标，忽视了对教师实践教学能力的考察。"双师型"教师选拔程序有待调整，现行选拔程序将考察重点放在教师当前的学历水平，在人才招聘阶段明确规定教职人员需要考取特级证书，才能应聘双师型教学岗位，导致许多具有优秀职业技能的教师缺乏有效的竞争渠道，严重影响高职院校的综合教学成效。

（三）"双高"背景下高职教师培训体系不健全

高职院校"双师型"教师队伍建设过程中，缺乏高质量的专业培训体系，涉及的项目任务十分烦琐，未严格按照专业类型进行考核项目划分，设置的教师培训体系与实际对口企业用人需求不符，严重影响教学的整体质量。未发挥出多方主体的团队协作能力，在"双师型"教师团队建设的过程中，职业院校只是凭借以往的工作经验进行教师选拔，缺乏充足的资金投入，导致"双师型"教师队伍建设成果不理想。在高职院校战略发展决策制定的过程中，忽视了教师专业队伍建设的重要意义，采用的教师培训制度缺乏责任主体，工作人员无法为"双师型"教师队伍建设提出合理性建议。在高职教师专业培训阶段未发挥出现代信息技术的应用优势，甚至一部分院校通过专业对口机构外包的形式开展教师培训，难以发挥出高职院校独有的教育优势。

（四）"双高"背景下高职教师管理机制不完善

过于重视"双师型"教师能力认定，忽视了教师工作流程的管理，高职院校"双师型"教师队伍已见雏形，但在后期管理阶段缺少科学的管理制度，未将后期的管理工作纳入"双师型"教师队伍建设项目中，也未将"双师型"教师认定作为"双师型"教师培育的全部工作内容。"双师型"教师队伍中存在着其他专业调配的教职人员，涉及的工作内容已经发生改变，但"双师型"教师的认定身份仍然保留，对"双师型"个人职业能力提出的要求未得到及时更新，缺乏后期培训体系作为约束，直接任职上岗将会影响教师的综合教学水平，无法保证专业教学成效。

三、新一轮"双高"背景下高职"双师型"教师队伍建设对策

（一）"双高"背景下改善高职师资队伍结构

"双高"背景下"双师型"教师队伍建设，需要调整高职教师的内部结构，确定"双师型"教师队伍的主体成员。"双师型"教师队伍不仅包括校内的专业教师，还

包括一部分兼职教师,想要打造高水平的教师团队,需要将教师培训工作与真实的企业生产环境进行有机结合。通过构建订单式、任务式人才培养体系,打造专业的兼职教师培训机构,兼职教师大多来自企业生产一线,具备较强的实践操作能力,能够将多年来的工作经验融入课堂教学设计的过程中,保证教学成效。需要建立符合兼职教师身份的"双师型"教师认定准则,严格划分培训对象,激发"双师型"教师的工作潜能,在"双高"计划的影响下,打破传统的思维定式,建立教师协同管理机制。在兼职教师向"双师型"教师过渡阶段,坚持理论与实践相结合,加强高职教师与企业生产一线员工之间的密切合作,建立"双师型"教师协同教育体系,开展形式多样的实训项目。

（二）"双高"背景下强化高职教师职业认定

"双高"背景下想要制定科学的"双师型"教师专业认定标准,需要结合"双高"计划的执行要求,不断调整"双师型"教师队伍建设原则,要求学校、企业共同参与教师培训工作中,严格参考各项法律规定,打造长效的人才发展机制。在提高教师专业能力的同时,注重教师思想政治引导,高职院校需要调整人才选聘标准,鼓励教师积极参与实践培训进程中,打造双师型教学团队。教师具备良好的业务素养,能够积极主动地考取高等级教师资格,熟练地应用现代化教学技术,有针对性地开展实践教学指导工作,只有不断提高教师的教育教学能力,才能满足"双高"教育改革的根本需求。在专业类教师认定阶段,需要遵循因地制宜的发展原则,对教师的专业性能进行明确界定,鼓励教师制定个人专业发展规划,不断完善高职院校内部评价标准,实时关注"双师型"教师队伍的建设情况,分析阶段性的人才培训成果。严格细化专业教师聘用标准,要求教师在履行岗位职责的同时,科学进行岗位职能分配,发挥"双师型"教师队伍的模范带头作用,在学校内部形成良性晋升机制。

（三）"双高"背景下完善高职教师培训体系

在"双高"计划执行阶段,高职院校需要完善"双师型"教师培训体系,结合高职院校各项教育工作的开展情况,了解现代化专业教学改革对"双师型"教师队伍建设的基本要求,实现校内外教育资源的有效整合。在"双师型"教师培训的过程中,从"教"和"学"两个层面入手,提高教师的专业素养,与企业进行通力合作,建立具有专业特色的培训项目。打造有效的教育课堂,对教师具备的职业教学能力进行全面测评,通过恰当的引导,提高"双师型"教师的思想认知。加强专业对口企业之间的通力协作,构建双师型教师专业培训基地,为双师型教师培训队伍提供专业实训的机会,引导教师制订科学的行业发展计划,掌握在教学过程中需要应用的实践技能。在校企合作背景下,不断推进"双师型"教师团队建设进程,高职院校运用现代化信息管理平台,打造产学研一体化职业培训基地,形成共建共荣的发展机制,不断提升教师的专业技能。将实践培训成果转化为高职教学资源,构建"双师型"教师线上培训平台,发挥线上教育引导的优势,定期邀请专家学者开展线上讲座,发挥双师型骨干教师的模范带头作用,不断总结培训期间的实践经验,合理进行教学设计,保证课程教学质量。

（四）"双高"背景下优化高职教师管理制度

调整"双师型"教师的晋升渠道,根据教师的发展需求,打造初级、中级、高级双师型教师认定体系,提高教师的自主创新能力,严格落实"双师型"教师资格审批制度,由学校骨干领导共同组成"双师型"教师资格审核小组。要求在学校任职满三年的教师可以参加"双师型"教师考核,考核通过的教师将拥有"双师型"教师资格,享受高职院校提出的特殊待遇,不通过的教师需要在有效期内重新提交申请。建立"双师型"教师后期管理体系,通过动态化管理系统自动筛选教师的任职情况,分析教师是否已经丧失"双师型"教师的认定资格,严格划分"双师型"教师认定期限,有效期满后,需要重新进行"双师型"教师资格的考取。通过将"双师型"教师资格评定与高职院校职称评聘机制进行有机结合,维护教师的合法权益,严格规划高级职称评定的必要条件,整合高职院校现有的师资和教育资源。打造专业教学团队,由"双师型"教师负责科研项目的研讨工作,在项目申请过程中,将双师型教师资格认定作为项目负责人评选的重要条件,让教师认识到"双师型"教师资格对未来职业发展的重要意义。打造动态化双师型教师管理机制是不断提高教师专业素养的重要手段,通过实时观测教师的教学方案设计情况、课堂教学组织情况、实践教学引导情况,对教师具备的实践教学能力进行综合评价,密切关注教师的成长与进步。

通过将"双师型"教师评价体系与"双高"发展背景进行有机结合,了解"双高"背景下高职院校教学工作的开展趋势,合理进行"双高"教学计划部署,满足"双高"计划的执行要求,促进职业教育现代化建设。"双高"计划执行过程中,高职院校想要打造"双师型"教师队伍,面临的主要问题有师资队伍结构不合理、教师职业认定不科学、教师考核机制不规范、教师培训体系不健全、教师管理机制不完善。想要全面提高高职院校的办学质量,打造具有中国特色的高水平高职院校专业教学体系,需要提出合理的"双师型"教师队伍建设路径,全面推进职业教育改革。

参 考 文 献

[1] 刘祥泽,徐冰,徐坚.行业产教融合共同体建设:价值意蕴、现实困境和推进策略[J].教育与职业,2024(13):23-30.

[2] 王棒,陆雯,余家斌.产教融合赋能新质生产力发展:空间生产的视角[J].职业技术教育,2024(19):15-20.

[3] 曹艳,谭佳璐.数智时代新质生产力与高职教育耦合的意蕴、机理、策略[J].当代教育论坛,2024(5):41-48.

[4] 郭海红,潘永圣,王丽娟.涉农职业院校深化产教融合的现状、困境与策略[J].教育与职业,2024(12):53-58.

[5] 和震.产教融合本质内涵和基本规律的洞察与把握[J].中国职业技术教育,2024(15):25-29.

[6] 李炎炎,方益权,池春阳,等.打造产教融合新空间:市域产教联合体建设的理论基础、原则与优化路径[J].职教论坛,2024(5):44-50.

[7] 王莎莎.数字化转型背景下产教融合助推文旅专业人才培养进路审思[J].教育理论与实践,2024(15):27-30.

[8] 孙婧,申玲.行动者网络视角下中小企业参与产教融合的推进路径[J].中国职业技术教育,2024(13):20-26.

[9] 邢延,蔡述庭,肖明,等.人工智能类课程产教融合教学模式探索与实践——以广东工业大学-华为智能基座课程"模式识别"为例[J].高等工程教育研究,2024(3):73-78.

[10] 王盼盼,马君.市域产教联合体建设困境与破解——基于集体行动理论视角[J].中国职业技术教育,2024(13):11-19.

[11] 冉云芳,周芷莹,潘逸.职业教育产教融合型企业的研究回顾与展望[J].教育与职业,2024(8):15-22.

[12] 董香君.整体性治理视角下产教融合共同体建设的治理框架与协同机制[J].教育学术月刊,2024(4):106-112.

[13] 韩连权,尤婷婷,季诚钧.多中心治理视域下产教融合型城市建设的实践困境与发展路径[J].教育学术月刊,2024(4):98-105.

[14] 许明欣,谭爽.知识生产新模式下职业本科教育产教融合的适切性与多元策略[J].教

育理论与实践,2024(12):22-26.

[15] 王智鹏,钮晓音,邵莉.产教融合培养医学交叉人才的时代诉求、现实挑战及实施路径[J].中国大学教学,2024(3):25-30.

[16] 陶长虎.共振·共融·共生:启智赋能职业院校产教融合学习生态[J].教育理论与实践,2024(9):24-27.

[17] 李正标,陈双秀.基于利益相关者理论的高职院校产教融合绩效评价研究[J].职教论坛,2023(10):106-114.

[18] 罗汝珍,谢露静,唐小艳.职业教育产教融合政策执行成效的评价研究[J].成人教育,2023(9):70-74.

[19] 周桂瑾,孙杰,胡俊平,等.国家"双高计划"中期绩效评价的江苏实践[J].职业技术教育,2023(18):31-36.

[20] 易招娣,衡孝庆.场域理论视域下产教融合的权力结构及运行策略[J].浙江社会科学,2023(5):74-81,73,158,159.

[21] 朱铁壁,张红霞.产教融合成熟度评价及对策研究——结合五省15所高职院校评价结果的分析[J].中国大学教学,2022(9):86-95.

[22] 秦凤梅,莫堃.基于CIPP模型的职业教育产教融合质量评价研究[J].西南大学学报:社会科学版,2022(3):194-203.

[23] 李婷,徐乐乐.职业教育产教融合质量评价体系构建研究[J].教育与职业,2022(4):21-27.

[24] 周春光,周蒋浒,王俊杰,等.高职教育产教融合绩效评价研究——基于灰色聚类评估模型的分析[J].教育发展研究,2021(19):70-76.

[25] 陈新民,高飞,张朋,等.资源整合视角下高职院校产教融合绩效评价研究[J].高等工程教育研究,2021(2):155-162.

[26] 吴旺延,刘珺宇.智能制造促进中国产业转型升级的机理和路径研究[J].西安财经大学学报,2020(3):19-26.

[27] 束开荣.再思"数字劳动":互联网数据的流动、迁移与地缘政治[J].青年记者,2022(12):21-24.

[28] 许书敏,杨广立.数字劳动主导下的劳动教育简说[J].中国德育,2019(2):40-43.

[29] 李仙娥,骆晨.数字经济时代的数字劳动[N].中国社会科学报,2016-11-24(4).

[30] Rasskazova O,Alexandrov I,Burmistrov A,et al. Key competencies in the digital age and transformation of education[J]. IOP Conference Series:Materials Science and Engineering,2020,940(1):1-9.

[31] Bejakovic P,Mrnjavac E. The importance of digital literacy on the labour market[J]. Employee Relations:the International Journal,2020,42(4):921-932.

[32] 肖绍明.数字劳动教育与治理[J].中国德育,2019(2):30-35.

［33］许鸿儒．数字劳动与劳动价值论关系研究［J］.合肥工业大学学报：社会科学版,2023
　　　(2)：29-35.

［34］王毅,王玉飞,吴嘉佳．人工智能时代的劳动教育：内涵、价值与实现路径［J］.当代教
　　　育论坛,2021(2)：97-106.

［35］张磊,倪胜利．身体视域下的劳动教育：文化内涵、价值意蕴与实践路向［J］.国家教育
　　　行政学院学报,2019(10)：88-95.

［36］詹青龙,孙欣,李银玲．混合式劳动教育：数字时代的劳动教育新形态［J］.中国电化教
　　　育,2022(8)：41-50.

［37］兰州财经大学劳动教育研究课题组,庞庆明．新时代高校劳动教育体系构建的四重维
　　　度［J］.中国高教研究,2021,37(9)：72-76.

［38］谭见君．高职院校"三维度四策略"劳动教育模式研究［J］.教育与职业,2022(17)：
　　　103-107.

［39］吴安春,姜朝晖,金紫薇,等．落实立德树人根本任务——习近平总书记关于教育的重
　　　要论述学习研究之十［J］.教育研究,2022(10)：4-13.

［40］Balabanova A,Petrova S,Fomenko V,et al. Labor potential of youth for the develop-
　　　ment of ecology in the digital economy［J］. E3S Web of Conferences,2021(258)：1-7.

［41］姚建华．作为数据流的劳动者：智能监控的溯源、现状与反思［J］.湖南师范大学社会
　　　科学学报,2021(5)：92-100.

［42］章乐．从割裂到融合：论当代劳动教育的时代转向［J］.教育科学文摘,2021(1)：
　　　18,19.

［43］束开荣．构建数字劳动的物质网络：平台规训、算法协商与技术盗猎——基于"送外
　　　卖"的田野调查［J］.新闻与传播研究,2022,29(9)：39-58,126,127.

［44］刘向兵,党印．高校劳动教育实施推进的多元与统一——基于80所高校劳动教育实
　　　施方案的文本分析［J］.中国高教研究,2022(5)：54-59.

［45］程文冬,闫莉,李星,等．新工科视域下基于"智造创新工场"的劳动教育模式探索与实
　　　践［J］.高等工程教育研究,2022(6)：32-38,164.

［46］张婷婷,李冲．构建基于工业价值链的产学合作协同育人新模式——以"数智化人才"
　　　培养为例［J］.高等工程教育研究,2022(6)：44-51.

［47］吕巾娇,刘美凤,史力范．活动理论的发展脉络与应用探析［J］.现代教育技术,2007
　　　(1)：8-14.

［48］赵慧军．活动理论的产生、发展及前景［J］.东北师大学报：哲学社会科学版,1997(1)：
　　　88-94.

［49］万力勇,黄焕,范福兰．活动理论视域下高校创客空间的结构要素、演化规律与运行机
　　　制［J］.高等教育研究,2019(12)：81-89.

［50］许瑞芳,张宜萱．具身认知视角下的劳动教育审视：基础、价值与路径［J］.教育发展研

究,2021(22):54-61.

[51] 彭银年,史重庆.系统论视阈下顶岗实习过程管理的实践探索[J].中国成人教育,
2015(7):31-33.

[52] 周建松.系统论视角下的国家高等职业教育发展政策研究[J].中国高教研究,2014
(4):89-93.

[53] 马联合.高职文科专业内在教育价值问题探析——基于系统论的视角[J].中国职业
技术教育,2014(18):28-31.

[54] 周优文,朱德全.高职教育发展与区域产业结构关系的实证研究——基于重庆市
1999—2014 年数据的格兰杰因果关系检验[J].职教论坛,2017(30):15-20.

[55] 劳汉生,朱俊.教育现代化背景下高职教育发展的省级统筹[J].中国职业技术教育,
2017(18):47-52.

[56] 毛大龙.高职教育发展"三化"与"三跨"理念的若干思考[J].中国职业技术教育,2016
(30):56-60.

[57] 高树仁,董新伟."高职教育与产业集群协同发展"再认识——基于社会系统理论的视
角[J].职教论坛,2014(25):75-78.

[58] 周建松.优质高职院校建设重点与路径研究——基于示范性高职院校建设计划到创
新发展行动计划演进的视角[J].职教论坛,2017(12):5-11.

[59] 李智水.以五大发展理念引领优质高职院校建设[J].当代职业教育,2017(1):27-30.

[60] 郑小明.建设优质高职院校的背景、内涵与标准[J].江苏教育研究(职教)(C 版),
2016(1):57-61.

[61] 王进思.法治新常态下建设优质高职院校的思考[J].武汉交通职业学院学报,2015
(2):1-6.

[62] 王晓东.优质高职院校建设专题调研报告[J].中国职业技术教育,2014(35):15-
18,42.

[63] 朱雪梅,叶小明.文化管理:优质高职院校管理发展的新趋向[J].高等工程教育研究,
2011(4):137-141.

[64] 熊惠平.从区域走向县域:全球视野下中国高等职业教育可持续发展新路径[J].职业
技术教育,2014(31):15-19.

[65] 姚奇富.基于"县校协同创新"的高职院校社会服务能力探析[J].教育发展研究,2015
(13):80-84.

[66] 易静.高校服务地方工作的融合发展路径[J].中国高校科技,2017(10):86-88.

[67] 万发.地方师院教育科研成果的推广路径——基于周口师范学院校地合作项目实践
[J].中国高校科技,2017(3):77-79.

[68] 董钊.建设利益共同体 有效开展校地合作研究[J].中国高校科技,2018(4):74-75.

[69] 沈海东.校地合作共育农村实用人才新路径探析[J].职业技术教育,2012(8):55-57.

[70] 何根海,张勇.校地合作共建视野中政府与高校的角色定位研究[J].中国高教研究, 2009(9):62-64.

[71] 王守庆,赵庆松.国际化创新型技术技能人才培养体系探索与实践[J].潍坊工程职业学院学报,2018(2):22-25.

[72] 向红梅.基于"互联网+双创"跨境电商个性化人才培养模式研究[J].社会科学家, 2017(11):128-133.

[73] 王文华,王卫星,沈秀.基于商科创新创业人才培养的实践教学探究[J].实验技术与管理,2016(12):21-24.

[74] 王亚飞,刘邦奇.智能教育应用研究概述[J].现代教育技术,2018(1):5-11.

[75] 王志军,陈丽,韩世梅.远程学习中学习环境的交互性分析框架研究[J].中国远程教育,2016(12):37-42.

[76] 林凌敏,浦玉忠,任玉荣."互联网+"时代下的高等教育发展研究[J].教育理论与实践,2016(30):9-11.

[77] 李永智,江明,谷俊.U.S.News 数学学科排名中曲阜师范大学因何排在北京大学之前[J].中国高等教育,2020(24):19-21.

[78] 刘尧.中国大学排名的目的、困惑与出路[J].教育理论与实践,2005(10):52-56.

[79] 刘念才,苗耘.应用大学排名对高等教育产生的影响[J].复旦教育论坛,2017(4): 17-24.

[80] 张旺.大学排行榜对高等教育的影响及思考——基于世界主要大学排行榜的分析[J].比较教育研究,2012(4):34-39.

[81] 王世权,刘桂秋.大学治理中的行政权力:价值逻辑、中国语境与治理边界[J].清华大学教育研究,2012(2):100-106.

[82] 邱均平,汤建民,刘宁,等.2019 年中国高职高专院校竞争力评价方法与结果分析[J].评价与管理,2019(1):41-47.

[83] 别敦荣.大学战略规划的若干基本问题[J].河北师范大学学报:教育科学版,2020 (1):1-11.

[84] 赵居礼,龚小涛,贺建锋,等.高水平高职院校建设内涵解析[J].中国职业技术教育, 2017(25):46-50.

[85] 卢玲.优质高职院校建设:背景、内容和路径[J].中国职业技术教育,2017(33):18-22.

[86] 陈群.中国特色高水平高职院校建设的缘起、内涵与路向选择[J].教育与职业,2018 (24):5-11.

[87] 徐国庆.高水平高职院校的范型及其建设路径[J].中国高教研究,2018(12):93-97.

[88] 曾东升.优质高职院校建设的政策实践比较研究[J].职教论坛,2018(1):20-24.

[89] 陈丽."互联网+教育"的创新本质与变革趋势[J].远程教育杂志,2016(4):3-8.

后　　记

　　本研究自立项之初,便承担着为高等职业教育产教融合绩效评价提供理论支撑和实践指导的任务。经过深入的理论探讨、广泛的文献梳理、系统的指标设计以及相关实证分析等,本研究取得了预期的成果,并在此过程中形成了许多有价值的认识和体会。首先,本研究在回顾和总结国内外相关研究成果的基础上,明确了产教融合的内涵、特点、目标及其理论基础,为绩效评价研究提供了坚实的理论支撑。同时,结合我国高等职业教育的实际情况,基本形成了包括教育资源投入、教育过程管理、教育成果产出等方面的绩效评价指标,为产教融合绩效评价提供了科学依据。其次,本研究采用问卷调查法、访谈法、数据分析法等多种方法相结合的方式进行实证研究,对产教融合的绩效进行了全面、深入的探究。通过实证分析,本研究发现产教融合对于提高高等职业教育质量、促进产业发展具有显著的正向影响,但也存在一些问题和挑战,如资源分配不均、合作机制不健全等。最后,针对实证分析的结果,本研究开展了相关案例分析,并据此提出了针对性的对策与建议,旨在进一步推动产教融合的深入实施和持续发展。这些对策与建议包括加强政策引导和支持、完善合作机制、优化资源配置、提高教育质量等方面。

　　总体而言,本研究取得了以下主要成果:第一,通过实证分析和案例研究,揭示了产教融合对高等职业教育质量提升和产业发展的影响机制,证明了产教融合在促进教育与产业深度融合、提高人才培养质量、推动产业转型升级等方面的重要作用。第二,形成了一套较为科学、系统、可操作的高等职业教育产教融合绩效评价指标体系,该指标体系涵盖了教育资源投入、教育过程管理、教育成果产出等方面,能够全面反映产教融合的实际情况和效果。第三,提出了针对性的对策与建议,为高等职业教育的改革与发展提供了实践指导。这些对策与建议不仅有助于解决当前产教融合中存在的问题和挑战,还有助于推动产教融合的深入实施和持续发展。

　　在研究成果的应用方面,主要体现在以下几个方面:第一,为高等职业院校和企业提供了科学的绩效评价工具和方法参考,有助于他们更好地了解产教融合的实际情况和效果,发现存在的问题和不足,进而采取有效的措施加以改进和优化。

第二,为政策制定者提供了有益的参考和借鉴,有助于他们更加科学地制定和实施相关政策措施,推动产教融合深入发展。第三,为相关领域的研究人员提供了重要的理论支撑和实践经验,有助于他们更加深入地探讨产教融合的理论和实践问题,推动相关研究的深入发展。

尽管本研究取得了一定的成果和进展,但仍存在一些不足之处:第一,样本选择和数据收集方面存在一定的局限性,可能影响研究结果的准确性和可靠性。未来研究可以进一步扩大样本研究范围,对不同地区、不同类型的高等职业院校进行比较研究,提高数据质量,以便更全面地了解产教融合的实际情况和存在的问题,获得更加全面、准确的研究结果。第二,研究方法和技术手段还有待进一步完善和优化。未来研究可以采用更加先进、多样化的研究方法和技术手段,如大数据分析、人工智能等,以提高研究的效率和准确性,可以进一步探讨如何构建更加科学、全面、具体的绩效评价指标体系,以更好地反映产教融合的实际效果。第三,研究内容还可以进一步拓展和深化。产教融合是一个涉及多个学科领域的复杂问题,未来研究可以加强与其他学科领域的交叉融合,如经济学、管理学、社会学等,以更深入地探讨产教融合的理论和实践问题。同时,也可以关注不同区域、不同类型的高等职业院校在产教融合方面的差异和特色,以提出更加具有针对性和可操作性的对策与建议。

展望未来,随着科技的飞速发展和产业结构的不断优化升级,产教融合将成为推动高等职业教育改革与发展的重要方向。本研究将继续关注产教融合的最新动态和趋势,不断完善和优化绩效评价指标体系与方法,为高等职业教育的改革与发展提供更加有力的理论支撑和实践指导。同时,也期待更多的研究者和实践者加入产教融合的研究和实践中,共同推动产教融合深入发展,为培养更多高素质技能人才、推动经济社会高质量发展作出更大的贡献。

嵇新浩

2025 年 3 月